LETRAMENTO
UM TEMA EM TRÊS GÊNEROS

Magda Soares

LETRAMENTO
UM TEMA EM TRÊS GÊNEROS

3ª edição
9ª reimpressão

autêntica

Copyright © 1998 Magda Soares

Todos os direitos reservados pela Autêntica Editora Ltda. Nenhuma parte desta publicação poderá ser reproduzida, seja por meios mecânicos, eletrônicos, seja via cópia xerográfica, sem a autorização prévia da Editora.

EDITORA RESPONSÁVEL
Rejane Dias

COORDENAÇÃO
CEALE/Fae- UFMG

EDITORA ASSISTENTE
Cecília Martins

REVISÃO
Luiz Prazeres
Rosa Maria Drumond Costa
Ana Carolina Lins Brandão

CAPA
Mirella Spinelli
Rejane Dias
(Sobre o quadro "As Meninas" de Renoir)

DIAGRAMAÇÃO
Clarice Maia Scotti

Dados Internacionais de Catalogação na Publicação (CIP)
(Câmara Brasileira do Livro)

Soares, Magda.
  Letramento: um tema em três gêneros / Magda Soares. – 3. ed.; 9. reimp. – Belo Horizonte : Autêntica, 2024.

128p.

ISBN 978-85-86583-16-2

1. Alfabetização. 2. Leitura. 3. Escrita. I. Título.

S6761   CDU–372.4

Belo Horizonte
Rua Carlos Turner, 420
Silveira . 31140-520
Belo Horizonte . MG
Tel.: (55 31) 3465 4500

São Paulo
Av. Paulista, 2.073 . Conjunto Nacional
Horsa I . Salas 404-406 . Bela Vista
01311-940 . São Paulo . SP
Tel.: (55 11) 3034 4468

www.grupoautentica.com.br
SAC: atendimentoleitor@grupoautentica.com.br

Sumário

APRESENTAÇÃO
09

Letramento em verbete
13
O QUE É LETRAMENTO?

Letramento em texto didático
27
**O QUE É LETRAMENTO
E ALFABETIZAÇÃO**

Letramento em ensaio
61
**LETRAMENTO: COMO DEFINIR,
COMO AVALIAR, COMO MEDIR**

Apresentando a coleção

LINGUAGEM & EDUCAÇÃO

O CEALE, Centro de Alfabetização, Leitura e Escrita da Faculdade de Educação da UFMG, criado em 1991, tem procurado produzir e socializar o conhecimento sobre a alfabetização, a leitura, a escrita e o ensino da língua portuguesa e da literatura brasileira nas escolas. Para isso tem realizado cursos, seminários, conferências, debates, assim como viabilizado diferentes tipos de publicações que possibilitem essa socialização.

A Coleção **Linguagem & Educação**, que o CEALE inaugura – em parceria com a Editora Autêntica – com o livro *Letramento: um tema em três gêneros*, propõe-se a socializar estudos a respeito das relações entre os fenômenos da linguagem, a escola e a sociedade, realizados por pesquisadores tanto da UFMG como de outras instituições nacionais e do exterior. Coloca-se, assim, como um espaço aberto para interlocuções nessa área de estudos.

8 | Letramento

A decisão pela escolha do tema **letramento** para inaugurar o primeiro número da coleção apoia-se na necessidade de se responder a inquietações sobre os usos da leitura e da escrita, cada vez mais colocadas pelas sociedades atuais. O número restrito de trabalhos sobre o tema, e a excelência dos textos da professora Magda Soares, respeitada pesquisadora na área de linguagem e educação, justifica plenamente a nossa escolha.

CEALE

Apresentação

Um tema, três gêneros

Ler um texto, como você está fazendo agora, é instaurar uma situação discursiva. Aliás, no caso deste texto que você lê agora, essa situação discursiva já se iniciou no momento mesmo em que você tomou nas mãos este livro, observou a capa, uma ilustração, certas cores, um título, um nome próprio, o da autora, folheou as primeiras páginas, viu um sumário, que anuncia três textos... e, sob a influência desses elementos, chega a esta página e começa a ler esta Apresentação – que leitura estará você produzindo deste texto?

É a relação que agora se está estabelecendo entre nós – entre mim, autora, e você, leitor ou leitora – que construirá o sentido deste texto. Mas eu busco controlar esse sentido que você construirá tomando as minhas precauções: estou escrevendo este texto para um certo leitor, não para um qualquer leitor genérico e abstrato, e é buscando interagir com esse leitor, que imagino e pretendo, que escrevo este texto como o estou escrevendo – neste estilo, com esta organização, distribuindo assim as ideias, dividindo-as em períodos e parágrafos assim como estou fazendo, lançando mão de certos "protocolos de leitura". O *gênero* desta Apresentação está sendo o resultado da função que atribuo a ela e das condições específicas em que a produzo; estou supondo: alguém tomou este livro nas mãos, e estará se perguntando: um tema em três *gêneros?* que sentido terá "gênero" aqui? e por que um mesmo tema em *três* gêneros? para quê? Porque atribuo a esta Apresentação a função de responder a essas perguntas e porque estou supondo um certo leitor, com certos interesses, com certos conhecimentos prévios, com certa disposição para ler esta Apresentação e folhear este livro, escrevo aqui como estou escrevendo: neste *gênero*.

Os dois parágrafos anteriores terão deixado claro que *gênero* aqui tem o sentido que lhe dá Bakhtin: "cada esfera de utilização da língua elabora seus *tipos relativamente estáveis* de enunciados, sendo isso que denominamos *gêneros do discurso*". E terão deixado claro também que o *gênero do discurso*, no caso da interação por meio da escrita, é resultado da função que o autor atribui ao texto, do leitor específico para quem o autor escreve, das condições de produção do texto. Por isso, um mesmo tema pode ser desenvolvido em diferentes gêneros discursivos. Indo além daquilo que é mais frequente dizer-se quando se discute, numa perspectiva discursiva, o texto escrito – que, de um mesmo texto, diferentes leitores constroem diferentes leituras – pretendeu-se aqui evidenciar outra coisa: que sobre um mesmo tema podem (devem?) ser produzidos, em diferentes situações discursivas, diferentes textos para diferentes leitores, em função dos seus objetivos, interesses, características – um mesmo tema em diferentes gêneros.

Um mesmo tema – *letramento*, este novo conceito recém-introduzido no campo da Educação, das Ciências Sociais, da História, das Ciências Linguísticas.

Três gêneros – três diferentes textos produzidos em três diferentes condições discursivas, com três diferentes funções e objetivos, para três diferentes grupos de leitores, anteriormente publicados em três diferentes portadores.

Em primeiro lugar, um texto produzido para o leitor-professor com o objetivo de esclarecer o significado de *letramento*; mais especificamente, um texto informativo, descritivo e crítico, produzido para a seção "Dicionário crítico da Educação" de uma revista pedagógica – o tema *letramento* no gênero *verbete*.

Em segundo lugar, um texto produzido para o professor-leitor-estudante, envolvido em atividades de aperfeiçoamento e atualização profissional; mais especificamente, um texto que procura provocar e orientar a reflexão do professor, buscando suscitar e acompanhar os diversos e nem sempre previsíveis caminhos do processo de aprendizagem, texto produzido para utilização em cursos, seminários, oficinas de formação continuada – o tema *letramento* no gênero *texto didático*.

Finalmente, um texto destinado a profissionais responsáveis por, em diferentes instâncias, avaliar e medir letramento e alfabetização, publicado originalmente como uma monografia elaborada para um organismo internacional (Unesco), portanto, para um técnico-leitor internacional em busca de suporte teórico para suas atividades de avaliação e medida de letramento e alfabetização; mais especificamente, um texto analítico, argumentativo, questionador, em que ideias são submetidas a cuidadoso escrutínio – o tema *letramento* no gênero *ensaio*.

Informações mais detalhadas sobre os objetivos e condições de produção de cada um desses textos precedem cada um deles; mas cabe aqui ainda responder a uma última questão que o leitor desta Apresentação certamente gostaria de ver respondida: que objetivo tem este livro em que se propõe um só tema em três gêneros? Ou, dizendo de outra forma: a que leitor se destina este livro? Há duas respostas a essa pergunta.

A primeira resposta é que, embora os textos sejam, de certa forma, recorrentes, não se repetem: a especificidade da relação autor-leitor em cada texto conduz a uma situação discursiva diferente, que constrói um texto também diferente; assim, os textos antes se somam que se repetem, cada um ampliando, na sequência em que são apresentados, o tema único *letramento*.

A segunda resposta é que o que neste livro se pretende é não apenas discutir uma conceituação de *letramento* e *alfabetização*, em suas diferentes facetas e dimensões, mas também sugerir ao leitor a possibilidade de interações discursivas diferenciadas sobre o mesmo tema, em textos escritos, em função de diferentes relações autor-leitor e diferentes condições de produção, gerando textos de diferentes gêneros.

O leitor pretendido para este livro é, assim, aquele que se interessa por letramento e alfabetização, por habilidades e práticas sociais de leitura e escrita, e que também se interessa por uma análise discursiva das práticas de produção de texto e de leitura, e busca compreender as relações autor – texto – leitor, e suas consequências na produção de diferentes práticas discursivas e diferentes gêneros discursivos.

LETRAMENTO EM VERBETE:

O QUE É LETRAMENTO?

Texto publicado no periódico "Presença Pedagógica", v. 2, n. 10, jul/ago. 1996, na seção "Dicionário crítico da educação".

Letramento é palavra recém-chegada ao vocabulário da Educação e das Ciências Linguísticas: é na segunda metade dos anos 80, há cerca de apenas dez anos, portanto, que ela surge no discurso dos especialistas dessas áreas. Uma das primeiras ocorrências está em livro de Mary Kato, de 1986 (*No mundo da escrita: uma perspectiva psicolínguística*, Editora Ática): a autora, logo no início do livro (p.7), diz acreditar que a língua falada culta "é consequência do *letramento*" (grifo meu).[1] Dois anos mais tarde, em livro de 1988 (*Adultos não alfabetizados: o avesso do avesso*, Editora Pontes), Leda Verdiani Tfouni, no capítulo introdutório, distingue *alfabetização* de *letramento*: talvez seja esse o momento em que *letramento* ganha estatuto de termo técnico no léxico dos campos da Educação e das Ciências Linguísticas. Desde então, a palavra torna-se cada vez mais frequente no discurso escrito e falado de especialistas, de tal forma que, em 1995, já figura em título de livro organizado por Ângela Kleiman: *Os significados do **letramento**: uma nova perspectiva sobre a prática social da escrita* (grifo meu, ver referência na nota 1).

---

[1] Ângela Kleiman levanta a hipótese de que Mary Kato é que terá cunhado o termo letramento (ver nota da p.17 em KLEIMAN, A. (Org.). *Os significados do letramento: uma nova perspectiva sobre a prática social da escrita*. Campinas: Mercado de Letras, 1995).

16 | Letramento

O que explica o surgimento recente dessa palavra? Novas palavras são criadas (ou a velhas palavras dá-se um novo sentido) quando emergem novos fatos, novas ideias, novas maneiras de compreender os fenômenos. Que novo fato, ou nova ideia, ou nova maneira de compreender a presença da escrita no mundo social trouxe a necessidade desta nova palavra, **letramento**?

Se a palavra *letramento* ainda causa estranheza a muitos, outras palavras do mesmo campo semântico sempre nos foram familiares: *analfabetismo, analfabeto, alfabetizar, alfabetização, alfabetizado* e, mesmo, *letrado* e *iletrado*. **Analfabetismo**, define o *Novo Dicionário Aurélio da Língua Portuguesa*, é o "estado ou condição de analfabeto", e **analfabeto** é o "que não sabe ler e escrever", ou seja, é o que vive no estado ou condição de quem não sabe ler e escrever; a ação de **alfabetizar**, isto é, segundo o *Aurélio*, de "ensinar a ler" (e também a *escrever*, que o dicionário curiosamente omite) é designada por **alfabetização**, e **alfabetizado** é "aquele que sabe ler" (e escrever). Já **letrado**, segundo o mesmo dicionário, é aquele "versado em letras, erudito", e iletrado é "aquele que não tem conhecimentos literários" e também o "analfabeto ou quase analfabeto". O dicionário *Aurélio* não registra a palavra "letramento". Essa palavra aparece, porém, num dicionário da língua portuguesa editado há mais de um século, o *Dicionário Contemporâneo da Língua Portuguesa*, de Caldas Aulete: na sua 3ª edição brasileira,[2] o verbete

---

[2] O *Dicionário Contemporâneo da Língua Portuguesa* de Caldas Aulete teve as suas três primeiras edições em Lisboa (1881, 1925 e 1948); a quarta edição, e primeira brasileira, é de 1958 (a segunda edição brasileira é de 1963 e a terceira, citada no texto, é de 1974). Como o dicionário sofreu numerosas modificações ao longo de suas sucessivas edições, só uma pesquisa nessas edições permitiria determinar se a palavra *letramento* aparece desde a primeira edição, ou se foi introduzida em edição posterior, ou se sofreu mudança em sua acepção ao longo do tempo. Pesquisas dessa natureza em dicionários contribuem sobremaneira para a datação de fatos, idéias e fenômenos e para a identificação do processo de transformação desses fatos, ideias e fenômenos ao longo do tempo.

"letramento" caracteriza a palavra como "ant.", isto é, "antiga, antiquada", e lhe atribui o significado de "escrita"; o verbete remete ainda para o verbo "letrar" a que, como transitivo direto, atribui a acepção de "investigar, soletrando" e, como pronominal "letrar-se", a acepção de "adquirir letras ou conhecimentos literários" – significados bem distantes daquele que hoje se atribui a **letramento** (que, como já dito, não aparece no *Aurélio*, como também nele não aparece o verbo "letrar").

Certamente, pois, não fomos buscar no "letramento" dicionarizado por Caldas Aulete, e já por ele considerado vocábulo antigo, antiquado, o termo **letramento** com o sentido que hoje lhe damos. Onde fomos buscá-lo? Trata-se, sem dúvida, da versão para o Português da palavra da língua inglesa *literacy*.

Etimologicamente, a palavra *literacy* vem do latim *littera* (letra), com o sufixo *-cy*, que denota qualidade, condição, estado, fato de ser (como, por exemplo, em *innocency*, a qualidade ou condição de ser inocente). No *Webster's Dictionary*, *literacy* tem a acepção de "the condition of being literate", a condição de ser *literate*,[3] e *literate* é definido como "educated; especially able to read and write", educado, especialmente, capaz de ler e escrever. Ou seja: *literacy* é o estado ou condição que assume aquele que aprende a ler e escrever. Implícita nesse conceito está a ideia de que a escrita traz consequências sociais, culturais, políticas, econômicas, cognitivas, linguísticas, quer para o grupo social em que seja introduzida, quer para o indivíduo que aprenda a usá-la. Em outras palavras: do ponto de vista individual, o aprender a ler e escrever – *alfabetizar-se*, deixar de ser *analfabeto*, tornar-se

---

[3] Enquanto já incorporamos ao português a palavra *letramento*, correspondente ao inglês *literacy*, ainda não temos palavra correspondente ao inglês *literate*, que designa aquele que vive em estado ou na condição de saber ler e escrever; a palavra *letrado* ainda conserva, em Português, o sentido de "versado em letras, erudito".

alfabetizado, adquirir a "tecnologia" do ler e escrever e envolver-se nas práticas sociais de leitura e de escrita – tem consequências sobre o indivíduo, e altera seu *estado* ou *condição* em aspectos sociais, psíquicos, culturais, políticos, cognitivos, linguísticos e até mesmo econômicos; do ponto de vista social, a introdução da escrita em um grupo até então ágrafo tem sobre esse grupo efeitos de natureza social, cultural, política, econômica, linguística. O "estado" ou a "condição" que o indivíduo ou o grupo social passam a ter, sob o impacto dessas mudanças, é que é designado por *literacy*.[4]

É esse, pois, o sentido que tem **letramento**, palavra que criamos traduzindo "ao pé da letra" o inglês *literacy*: **letra**-, do latim *littera*, e o sufixo **-mento**, que denota o resultado de uma ação (como, por exemplo, em *ferimento*, resultado da ação de *ferir*). **Letramento** é, pois, o resultado da ação de ensinar ou de aprender a ler e escrever: o estado ou a condição que adquire um grupo social ou um indivíduo como consequência de ter-se apropriado da escrita.

Dispúnhamos, talvez, de uma palavra mais "vernácula": **alfabetismo**, que o *Aurélio* (que não dicionariza *letramento*, como já dito) registra, atribuindo a essa palavra, entre outras acepções, a de "estado ou qualidade de alfabetizado". Entretanto, embora dicionarizada, *alfabetismo* não é palavra corrente, e, talvez por isso, ao buscar uma palavra que designasse aquilo que em inglês já se designava por *literacy*, tenha-se optado por verter a palavra inglesa para o português, criando a nova palavra **letramento**. Curiosamente, em Portugal tem-se preferido o termo *literacia*, mais próximo ainda do termo inglês. Vale a pena citar as palavras de António Nóvoa em prefácio

---

[4] Na língua francesa, a palavra correspondente a *illiteracy* é *illettrisme*, que se distingue de *analphabétisme*: *analphabète* é o que não sabe ler e escrever; *illettré* é o que lê e escreve mal, e não sabe fazer uso da leitura e da escrita.

que faz à obra recente de Justino Pereira de Magalhães,[5] porque elas abonam o uso de *literacia* e ainda afirmam a diferença entre esse termo e o termo *analfabetismo*, esclarecendo o sentido do primeiro: António Nóvoa lamenta que Portugal vá "fechar o século XX com níveis intoleráveis de *analfabetismo* (talvez da ordem dos 15%) e com níveis ainda mais baixos de *literacia*, entendida aqui como a utilização social da competência alfabética" (grifos meus).

É significativo refletir sobre o fato de não ser de uso corrente a palavra **alfabetismo**, "estado ou qualidade de *alfabetizado*", enquanto seu contrário, **analfabetismo**, "estado ou condição de *analfabeto*", é termo familiar e de universal compreensão. O que surpreende é que o substantivo que *nega – analfabetismo* se forma com o prefixo grego *a(n) –*, que denota negação – seja de uso corrente na língua, enquanto o substantivo que *afirma – alfabetismo* – não seja usado. Da mesma forma, analfabeto, que nega, é também palavra corrente, mas nem mesmo temos um substantivo que afirme o seu contrário (já que **alfabetizado** nomeia aquele que apenas aprendeu a ler e a escrever, não aquele que adquiriu o estado ou a condição de quem se apropriou da leitura e da escrita, incorporando as práticas sociais que as demandam). A explicação não é difícil e ajuda a clarear o sentido de **alfabetismo**, ou **letramento**.

Como foi dito inicialmente, novas palavras são criadas, ou a velhas palavras dá-se um novo sentido, quando emergem novos fatos, novas ideias, novas maneiras de compreender os fenômenos. Conhecemos bem, e há muito, o "estado ou condição de analfabeto", que não é apenas o estado ou condição de quem não dispõe da "tecnologia" do ler e do

---

[5] *Ler e escrever no mundo rural do Antigo Regime: um contributo para a história da alfabetização e da escolarização em Portugal.* Universidade do Minho, Instituto de Educação, 1994.

escrever: o analfabeto é aquele que não pode exercer em toda a sua plenitude os seus direitos de cidadão, é aquele que a sociedade marginaliza, é aquele que não tem acesso aos bens culturais de sociedades letradas e, mais que isso, grafocêntricas; porque conhecemos bem, e há muito, esse "estado de analfabeto", sempre nos foi necessária uma palavra para designá-lo, a conhecida e corrente *analfabetismo*. Já o estado ou condição de quem sabe ler e escrever, isto é, o estado ou condição de quem responde adequadamente às intensas demandas sociais pelo uso amplo e diferenciado da leitura e da escrita, esse fenômeno só recentemente se configurou como uma realidade em nosso contexto social. Antes, nosso problema era apenas o do "estado ou condição de analfabeto" – a enorme dimensão desse problema não nos permitia perceber esta outra realidade, o "estado ou condição de quem sabe ler e escrever", e, por isso, o termo *analfabetismo* nos bastava, o seu oposto – *alfabetismo* ou *letramento* – não nos era necessário. Só recentemente esse oposto tornou-se necessário, porque só recentemente passamos a enfrentar esta nova realidade social em que não basta apenas saber ler e escrever, é preciso também saber fazer uso do ler e do escrever, saber responder às exigências de leitura e de escrita que a sociedade faz continuamente – daí o recente surgimento do termo *letramento* (que, como já foi dito, vem-se tornando de uso corrente, em detrimento do termo *alfabetismo*).[6] Curiosamente, o mesmo fenômeno ocorreu na língua inglesa, em que *illiteracy* foi termo corrente

---

[6] Um claro indicador de que a palavra *letramento* é nova no léxico da Língua Portuguesa e ainda de circulação restrita à área acadêmica é a tradução que se fez recentemente do termo *literacy* na versão para o Português da importante obra *Literacy and Orality*, editada por David R. Olson e Nancy Torrance (*Cultura escrita e oralidade*, Editora Ática, 1995): o termo *literacy*, tanto no título da obra quanto ao longo de todos os capítulos, foi inadequadamente traduzido por "cultura escrita", ignorando-se o termo *letramento* (ou mesmo *alfabetismo*), e prejudicando-se assim enormemente a correta compreensão dos textos, já que a expressão "cultura escrita" de forma nenhuma expressa o conceito que *literacy* nomeia.

muito antes que o termo *literacy* emergisse: o *Oxford English Dictionary* registra o termo *illiteracy* desde 1660, ao passo que seu contrário *literacy* só surge no fim do século XIX. Certamente o surgimento neste momento do termo *literacy* representa uma mudança histórica das práticas sociais: novas demandas sociais de uso da leitura e da escrita exigiram uma nova palavra para designá-las. (Observe-se que o que ocorreu na Grã-Bretanha em fins do século XIX, motivando o aparecimento do termo literacy, só agora, em fins do século XX, vem ocorrendo no Brasil, motivando a criação do termo letramento.)

Quanto à mudança na maneira de considerar o significado do acesso à leitura e à escrita em nosso país – da mera aquisição da "tecnologia" do ler e do escrever à inserção nas práticas sociais de leitura e escrita, de que resultou o aparecimento do termo **letramento** ao lado do termo **alfabetização** – um fato que sinaliza bem essa mudança, embora de maneira tímida, é a alteração do critério utilizado pelo Censo para verificar o número de analfabetos e de alfabetizados: durante muito tempo, considerava-se analfabeto o indivíduo incapaz de escrever o próprio nome; nas últimas décadas, é a resposta à pergunta "sabe ler e escrever um bilhete simples?" que define se o indivíduo é analfabeto ou alfabetizado. Ou seja: da verificação de apenas a habilidade de codificar o próprio nome passou-se à verificação da capacidade de usar a leitura e a escrita para uma prática social (ler ou escrever um "bilhete simples"). Embora essa prática seja ainda bastante limitada, já se evidencia a busca de um "estado ou condição de quem sabe ler e escrever", mais que a verificação da simples presença da habilidade de codificar em língua escrita, isto é, já se evidencia a tentativa de avaliação do nível de **letramento**, e não apenas a avaliação da presença ou ausência da "tecnologia" do ler e escrever.

A avaliação do nível de **letramento**, e não apenas da presença ou não da capacidade de escrever ou ler (o índice de **alfabetização**) é o que se faz em países desenvolvidos, em que a escolaridade básica é *realmente* obrigatória e *realmente* universal, e se presume, pois, que *toda* a população terá adquirido a capacidade de ler e escrever. Assim, de um modo geral, esses países tomam como critério para avaliar o nível de *letramento* da população o número de anos de escolaridade completados pelos indivíduos (4, 5 ou mais, dependendo do país que se esteja considerando e ainda do momento histórico: o número de anos de escolaridade tomado como critério cresce ao longo do tempo, à medida que crescem as demandas sociais de leitura e escrita): o pressuposto é que a escola, em 4, 5 ou mais anos, terá levado os indivíduos não só à aquisição da "tecnologia" do ler e do escrever, mas também aos usos e práticas sociais da leitura e da escrita, a uma adequada imersão no mundo da escrita. O que interessa a esses países é a avaliação do nível de **letramento** da população, não o índice de **alfabetização**, e frequentemente buscam esse nível pela realização de censos por amostragem em que, por meio de numerosas e variadas questões, avaliam o uso que as pessoas fazem da leitura e da escrita, as práticas sociais de leitura e de escrita de que se apropriaram.

Sendo assim, é importante compreender que é a **letramento** que se estão referindo os países desenvolvidos quando denunciam, como têm feito com frequência, índices alarmantes de *illiteracy* (Estados Unidos, Grã-Bretanha, Austrália) ou de *illettrisme* (França) na população; na verdade, não estão denunciando, como se costuma crer no Brasil, um alto número de pessoas que *não sabem ler e escrever* (fenômeno a que nos referimos nós, brasileiros, quando denunciamos o nosso ainda alto índice de *analfabetismo*), mas estão denunciando um alto número de pessoas que evidenciam *não viver em estado ou condição de quem sabe ler e escrever*, isto é, pessoas que não incorporaram os usos da escrita, não se apropriaram plenamente das práticas sociais de leitura e de escrita: em síntese, não estão se referindo a índices de **alfabetização**, mas a níveis de **letramento**. Um exemplo é a pesquisa desenvolvida na segunda metade dos ano 80 nos Estados Unidos, buscando identificar o nível de *letramento* (*literacy*) de jovens americanos (faixa etária de 21 a 25 anos): em primeiro lugar, os instrumentos utilizados avaliaram as habilidades de ler, compreender e usar textos em prosa, como editoriais, reportagens, poemas, etc. e de localizar e usar informações extraídas de mapas, tabelas, quadros de horários, etc., o que evidencia que o objetivo não foi verificar se os jovens sabiam ler e escrever – se eram *alfabetizados* – mas se sabiam fazer uso de diferentes tipos de material escrito, compreendê-los, interpretá-los e extrair deles informações – que nível de *letramento* tinham; em segundo lugar, a conclusão da pesquisa foi que a *illiteracy* (a incapacidade de ler e escrever, isto é, o *analfabetismo*) não era um problema entre os jovens, a *literacy* (a capacidade de fazer uso da escrita, isto é, o *letramento*) é que constituía o problema.

A diferença entre **alfabetização** e **letramento** fica clara também na área das pesquisas em Educação, em História, em Sociologia, em Antropologia. As pesquisas que se voltam para o estudo do número de alfabetizados e analfabetos e sua distribuição (por região, por sexo, por idade, por época, por etnia, por nível socioeconômico, entre outras variáveis), ou que se voltam para o número de crianças que a escola consegue levar à aprendizagem da leitura e da escrita, na série inicial, são pesquisas sobre **alfabetização**; as pesquisas que buscam identificar os usos e práticas sociais de leitura e escrita em determinado grupo social (por exemplo, em comunidades de nível socioeconômico desfavorecido, ou entre crianças, ou entre adolescentes), ou buscam recuperar, com base em documentos e outras fontes, as práticas de leitura e escrita no passado (em diferentes épocas, em diferentes regiões, em diferentes grupos sociais) são pesquisas sobre *letramento*.

Uma última inferência que se pode tirar do conceito de *letramento* é que um indivíduo pode não saber ler e escrever, isto é, ser *analfabeto*, mas ser, de certa forma, *letrado* (atribuindo a este adjetivo sentido vinculado a *letramento*). Assim, um adulto pode ser analfabeto, porque marginalizado social e economicamente, mas, se vive em um meio em que a leitura e a escrita têm presença forte, se se interessa em *ouvir* a leitura de jornais feita por um alfabetizado, se recebe cartas que outros leem para ele, se *dita* cartas para que um alfabetizado as escreva (e é significativo que, em geral, dita usando vocabulário e estruturas próprios da língua escrita), se pede a alguém que lhe leia avisos ou indicações afixados em algum lugar, esse analfabeto é, de certa forma, *letrado*, porque faz uso da escrita, envolve-se em práticas sociais de leitura e de escrita. Da mesma forma, a criança que ainda não se alfabetizou, mas já folheia livros, finge lê-los, brinca de escrever, ouve histórias que lhe são lidas, está rodeada de material escrito e percebe seu uso e função, essa criança é ainda "analfabeta", porque não aprendeu a ler e a escrever, mas já penetrou no mundo do *letramento*, já é, de certa forma, *letrada*. Esses exemplos evidenciam a existência deste fenômeno a que temos chamado *letramento* e sua diferença deste outro fenômeno a que chamamos *alfabetização*, e apontam a importância e necessidade de se partir, nos processos educativos de ensino e aprendizagem da leitura e da escrita voltados seja para crianças, seja para adultos, de uma clara concepção desses fenômenos e de suas diferenças e relações.

TEXTO DIDÁTICO

LETRAMENTO EM TEXTO DIDÁTICO:

O QUE É LETRAMENTO E ALFABETIZAÇÃO

Texto produzido por solicitação do Centro de Aperfeiçoamento de Profissionais de Ensino - CAPE - da Rede Municipal de Ensino de Belo Horizonte, para ser utilizado como material didático em seminários de atualização de professores.

Neste texto, vamos discutir conceitos e, portanto, palavras, ou, se quiserem, vamos discutir palavras e, portanto, conceitos: os conceitos *alfabetização* e *letramento*, as palavras *alfabetização* e *letramento*.

Em um primeiro momento, gostaria de fazer um "passeio" pelo campo semântico em que se inserem essas palavras, esses conceitos. São palavras de uso comum, conhecidas, exceto talvez *letramento*, palavra ainda desconhecida ou mal entendida, ou ainda não plenamente compreendida pela maioria das pessoas, porque é palavra que entrou na nossa língua há muito pouco tempo.

ALFABETIZAÇÃO

ALFABETIZAR	ALFABETIZADO
ANALFABETISMO	ANALFABETO

LETRAMENTO

LETRAMENTO	ILETRADO
ALFABETISMO	

Não precisamos definir essas palavras, porque estamos familiarizados com elas, talvez com exceção apenas da palavra *letramento*. Mas vou me deter nelas para conduzir nossa reflexão em direção ao sentido de *letramento*.

Vejamos as definições que aparecem no dicionário Aurélio:

ANALFABETISMO: *estado* ou *condição* de analfabeto

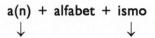

| *a-:* prefixo grego (acrescenta-se um *-n-* quando a palavra a que é adicionado começa com vogal) indica: *privação, falta de* Exemplos: *acéfalo:* sem cabeça, sem cérebro *amoral:* privado de moral | *-ismo:* sufixo indica: *modo de proceder, de pensar* Exemplos: *heroísmo:* procedimento de herói *servilismo:* procedimento servil |

ANALFABETO: que não conhece o alfabeto, que não sabe ler e escrever

a(n) + alfabeto

Nas palavras *analfabetismo* e *analfabeto* aparece o prefixo **a(n)-**:

Analfabeto é aquele que é privado do alfabeto, a que falta o alfabeto, ou seja, aquele que não conhece o alfabeto, que não sabe ler e escrever.

(Ao pé da letra, significa aquele que não sabe nem o *alfa*, nem o *beta* – *alfa* e *beta* são as primeiras letras do alfabeto grego; em outras palavras: aquele que não sabe o *bê-a-bá*.)

Em **analfabetismo**, aparece ainda o sufixo **–ismo**: a palavra significa um *modo de proceder como analfabeto*, ou seja: analfabetismo é um *estado*, uma *condição*, o modo de proceder daquele que é analfabeto.

Texto didático | 31

ALFABETIZAR: ensinar a ler e a escrever

---

alfabet + izar

↓

-izar: sufixo
indica:
tornar, fazer com que
Exemplos:
suavizar: tornar suave
industrializar:
tornar industrial

Alfabetizar é tornar o indivíduo capaz de ler e escrever.

ALFABETIZAÇÃO: ação de alfabetizar

Alfabet + iza(r) + ção

↓

-ção: sufixo que forma
substantivos
indica: *ação*
Exemplos:
traição: ação de trair
nomeação:
ação de nomear

Alfabetização é a ação de alfabetizar, de tornar "alfabeto".

Causa estranheza o uso dessa palavra "alfabeto", na expressão "tornar alfabeto". É que dispomos da palavra *analfabeto*, mas não temos o contrário dela: temos a palavra negativa, mas não temos a palavra positiva.

É no campo semântico dessas palavras que conhecemos bem – *analfabetismo, analfabeto, alfabetização, alfabetizar* – que surge a palavra *letramento*. Como surgiu essa palavra e o que ela quer dizer?

LETRAMENTO?

Conhecemos as palavras *letrado* e *iletrado*:

LETRADO: versado em letras, erudito

ILETRADO: que não tem conhecimentos literários

---

uma pessoa letrada = uma pessoa erudita, versada em letras (letras significando literatura, línguas);

uma pessoa iletrada = uma pessoa que não tem conhecimentos literários, que não é erudita; analfabeta, ou quase analfabeta.

O sentido que temos atribuído aos adjetivos *letrado* e *iletrado* não está relacionado com o sentido da palavra *letramento*.

A palavra *letramento* ainda não está dicionarizada, porque foi introduzida muito recentemente na língua portuguesa, tanto que quase podemos datar com precisão sua entrada na nossa língua, identificar quando e onde essa palavra foi usada pela primeira vez.

Parece que a palavra *letramento* apareceu pela primeira vez no livro de Mary Kato: *No mundo da escrita: uma perspectiva psicolinguística*, de 1986. [Consulte o rodapé, se quiser a referência completa.][1] Na página 7, a autora diz o seguinte:

> Acredito ainda que a chamada norma-padrão, ou língua falada culta, é conseqüência do *letramento*, motivo por que, indiretamente, é função da escola desenvolver no aluno o domínio da linguagem falada institucionalmente aceita. (grifo meu)

---

[1] KATO, Mary A. *No mundo da escrita: uma perspectiva psicolinguística*. São Paulo: Ática, 1986. (Série Fundamentos)

A palavra *letramento* não é, como se vê, definida pela autora e, depois dessa referência, é usada várias vezes no livro; foi, provavelmente, essa a primeira vez que a palavra letramento apareceu na língua portuguesa – 1986.

LEIA SE QUISER:

É interessante verificar que a palavra *letramento* aparece há um século atrás, no dicionário Caldas Aulete, já ali indicada como palavra *antiga* ou *antiquada*, palavra fora de uso, e com um sentido que não é o que a palavra *letramento* tem hoje; segundo o Dicionário Caldas Aulete, *letramento* significava o mesmo que escrita, substantivo do verbo *letrar*, que significava o que hoje chamamos de *soletrar*. Estamos, pois, diante do caso de uma palavra que "morreu" e "ressuscitou" em 1986... É este um belíssimo exemplo de como a língua é algo realmente vivo, de como as palavras vão morrendo e nascendo conforme fenômenos sociais e culturais vão ocorrendo.

Depois da referência de Mary Kato, em 1986, a palavra *letramento* aparece em 1988, no livro que, pode-se dizer, lançou a palavra no mundo da educação, dedica páginas à definição de *letramento* e busca distinguir *letramento* de *alfabetização*: é o livro *Adultos não alfabetizados: o avesso do avesso*, de Leda Verdiani Tfouni, um estudo sobre o modo de falar e de pensar de adultos analfabetos. [Consulte o rodapé, se quiser a referência completa.][2]

Mais recentemente, a palavra tornou-se bastante corrente, aparecendo até mesmo em título de livros, por exemplo: *Os significados do letramento*, coletânea de textos organizada por Ângela Kleiman, livro de 1995; *Alfabetização e letramento*, da mesma Leda Verdiani Tfouni, anteriormente mencionada, livro também de 1995. [Consulte o rodapé, se quiser as referências completas.][3]

---

[2] TFOUNI, Leda Verdiani. *Adultos não alfabetizados: o avesso do avesso*. São Paulo: Pontes, 1988. (Coleção Linguagem/Perspectivas).

[3] KLEIMAN, Ângela B. (org.). *Os significados do letramento: uma nova perspectiva sobre a prática social da escrita*. Campinas, SP: Mercado de Letras, 1995.

TFOUNI, Leda Verdiani. *Alfabetização e letramento*. São Paulo: Cortez, 1995. (Coleção Questões de nossa época).

Na busca de esclarecer o que seja *letramento*, talvez seja interessante refletirmos sobre o seguinte: vivemos séculos sem precisar da palavra *letramento*; a partir dos anos 80, começamos a precisar dessa palavra, inventamos essa palavra – por quê, para quê?

Por que aparecem palavras novas na língua?

Resposta

Na língua sempre aparecem palavras novas quando fenômenos novos ocorrem, quando uma nova idéia, um novo fato, um novo objeto surgem, são inventados, e então é necessário ter um nome para aquilo, porque o ser humano não sabe viver sem nomear as coisas: enquanto nós não as nomeamos, as coisas parecem não existir.

Um exemplo

Hoje em dia se usa com muita frequência a palavra *globalização*, abrimos o jornal e lá está a palavra *globalização*; poucos anos atrás, ninguém usava essa palavra, não no sentido com que a estamos usando atualmente. Por que surgiu a palavra *globalização?* Porque surgiu um fenômeno novo na economia mundial e foi preciso dar um nome a esse fenômeno novo – surge assim a palavra nova.

VEJA OUTROS EXEMPLOS, SE QUISER:

Um exemplo mais familiar de surgimento de uma nova palavra é o caso da palavra *televisão*, que foi introduzida na língua nos anos 50, época em que apareceu esse novo meio de comunicação e foi preciso dar um nome a ele.

Outros exemplos são as palavras ligadas ao uso do computador: há uma série de palavras que estão entrando na língua, por exemplo, *micreiro*, que designa a pessoa usuária do microcomputador, *internauta*, ou seja, a pessoa que "navega" na Internet, e ainda a introdução, no nosso vocabulário cotidiano, de palavras da área da informática, como *acessar*, significando estabelecer contato, e *deletar*, que vem substituindo a palavra apagar.

Portanto: o termo *letramento* surgiu porque apareceu um fato novo para o qual precisávamos de um nome, um fenômeno que não existia antes, ou, se existia, não nos dávamos conta dele e, como não nos dávamos conta dele, não tínhamos um nome para ele.

Três perguntas precisam agora ser respondidas:

Qual é o significado dessa palavra *letramento*?	**Por que surgiu essa nova palavra, *letramento*?**	**Onde fomos buscar essa nova palavra, *letramento*?**

Comecemos por responder à última pergunta.

ONDE FOMOS BUSCAR A PALAVRA *LETRAMENTO*?

Na verdade, a palavra *letramento* é uma tradução para o português da palavra inglesa *literacy*; os dicionários definem assim essa palavra:

LITERACY: the condition of being literate

---

littera + cy

↓　　↓

palavra latina = *letra*　-*cy:* sufixo
indica:
qualidade, condição, estado
Exemplo:
innocency:
condição de inocente.

Traduzindo a definição acima, *literacy* é "a condição de ser letrado" – dando à palavra "letrado" sentido diferente daquele que vem tendo em português. [Recorra à página 32, se precisar recordar qual é esse sentido.] Em inglês, o sentido de *literate* é:

> **LITERATE: educated; especially able to read and write**
>
> educado; especificamente, que tem a habilidade
> de ler e escrever

Literate é, pois, o adjetivo que caracteriza a pessoa que domina a leitura e a escrita, e *literacy* designa o estado ou condição daquele que é *literate,* daquele que não só sabe ler e escrever, mas também faz uso competente e frequente da leitura e da escrita.

Há, assim, uma diferença entre saber ler e escrever, ser *alfabetizado,* e viver na condição ou estado de quem sabe ler e escrever, ser *letrado* (atribuindo a essa palavra o sentido que tem *literate* em inglês). Ou seja: a pessoa que aprende a ler e a escrever – que se torna *alfabetizada* – e que passa a fazer uso da leitura e da escrita, a envolver-se nas práticas sociais de leitura e de escrita – que se torna *letrada* – é diferente de uma pessoa que não sabe ler e escrever – é *analfabeta* – ou, sabendo ler e escrever, não faz uso da leitura e da escrita – é *alfabetizada,* mas não é *letrada,* não vive no estado ou condição de quem sabe ler e escrever e pratica a leitura e a escrita.

> **O adjetivo *letrado,* e seu feminino *letrada* serão usados no restante deste texto com um significado que não é o que têm (por enquanto) nos dicionários: serão usados para caracterizar a pessoa que, além de saber ler e escrever, faz uso frequente e competente da leitura e da escrita. Serão usados também os adjetivos *iletrado/iletrada* como seus antônimos.**

Estado ou *condição*: essas palavras são importantes para que se compreendam as diferenças entre *analfabeto, alfabetizado* e *letrado*; o pressuposto é que quem aprende a ler e a escrever e passa a usar a leitura e a escrita, a envolver-se em práticas de leitura e de escrita, torna-se uma pessoa diferente, adquire um outro estado, uma outra condição.

Socialmente e culturalmente, a pessoa letrada já não é a mesma que era quando analfabeta ou iletrada, ela passa a ter uma outra condição social e cultural – não se trata propriamente de mudar de nível ou de classe social, cultural, mas de mudar seu *lugar* social, seu *modo de viver* na sociedade, sua inserção na cultura – sua relação com os outros, com o contexto, com os bens culturais torna-se diferente.

Há a hipótese de que tornar-se letrado é também tornar-se cognitivamente diferente: a pessoa passa a ter uma forma de pensar diferente da forma de pensar de uma pessoa analfabeta ou iletrada.

SE DESEJAR LER PESQUISAS QUE EXPLORAM ESSA HIPÓTESE:

O livro de Leda Verdiani Tfouni já citado, *Adultos não alfabetizados: o avesso do avesso* relata pesquisa baseada nessa hipótese; uma pesquisa clássica nessa área é a do psicólogo russo Luria, relatada no livro desse autor traduzido para o português como *Desenvolvimento cognitivo: seus fundamentos culturais e sociais*, São Paulo: Ícone, 1990.

Tornar-se letrado traz, também, consequências linguísticas: alguns estudos têm mostrado que o letrado fala de forma diferente do iletrado e do analfabeto; por exemplo: pesquisas que caracterizaram a língua oral de adultos antes de serem alfabetizados e a compararam com a língua oral que usavam depois de alfabetizados concluíram que, após aprender a ler e a escrever, esses adultos passaram a falar de forma diferente, evidenciando que o convívio com a língua escrita teve como consequências mudanças no uso da língua oral, nas estruturas linguísticas e no vocabulário.

SE QUISER LER UM POUCO MAIS SOBRE ISSO:

Mary Kato, no livro já citado, *No mundo da escrita*, trata dessa questão no capítulo 1: leia, particularmente, a introdução do capítulo, páginas 10 a 12, e o item "A fala préletramento e pós-letramento", páginas 22-23.

Enfim: a hipótese é que aprender a ler e a escrever e, além disso, fazer uso da leitura e da escrita transformam o indivíduo, levam o indivíduo a um outro estado ou condição sob vários aspectos: social, cultural, cognitivo, linguístico, entre outros.

Tentamos responder, até aqui, a uma das três perguntas da página 35:

RESPONDIDA?

Qual é o significado dessa palavra *letramento*?	Por que surgiu essa nova palavra, *letramento*?	Onde fomos buscar essa nova palavra, *letramento*?

Busquemos, agora, a resposta à primeira pergunta.

FINALMENTE, UMA DEFINIÇÃO DE LETRAMENTO

Chegamos finalmente à palavra e ao conceito *letramento*:

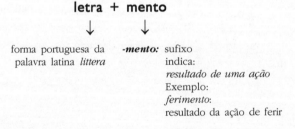

Portanto: *letramento* é o resultado da ação de "letrar-se", se dermos ao verbo "letrar-se" o sentido de "tornar-se letrado".

LETRAMENTO

Resultado da ação de ensinar e aprender as
práticas sociais de leitura e escrita

O *estado* ou *condição* que adquire

um grupo social
ou um indivíduo

como consequência de ter-se apropriado
da escrita e de suas práticas sociais

Observação importante: *ter-se apropriado da escrita* é diferente de *ter aprendido a ler e a escrever: aprender a ler e escrever* significa adquirir uma tecnologia, a de codificar em língua escrita e de decodificar a língua escrita; *apropriar-se da escrita* é tornar a escrita "própria", ou seja, é assumi-la como sua "propriedade".

O EXEMPLO ABAIXO PODE TORNAR MAIS CLARA ESSA DIFERENÇA; LEIA-O, SE JULGAR NECESSÁRIO.

Grupos indígenas são sociedades ágrafas, isto é, sociedades sem escrita [observe, na palavra *ágrafa*, a presença do prefixo grego a-, já discutido: *a-grafa* = sem grafia, sem escrita]. Alfabetizar índios significa dar a eles acesso à tecnologia de leitura e de escrita, o que os tornará *alfabetizados*, mas não *letrados*. Introduzir no grupo práticas sociais de leitura e de escrita (a leitura de livros, a escrita de cartas, o registro por escrito de sua cultura, a troca documentada em recibos, a sinalização de habitações, caminhos e locais com palavras e frases, etc.) significa mudar seu estado ou condição: ele passa a ser um grupo diferente nos aspectos cultural, social, político, linguístico, psíquico.

Retomemos a grande diferença entre *alfabetização* e *letramento*, entre *alfabetizado* e *letrado* [se necessário, reveja as pp.36, 38]: um indivíduo alfabetizado não é necessariamente um indivíduo letrado; alfabetizado é aquele indivíduo que sabe ler e escrever; já o indivíduo letrado, o indivíduo que vive em estado de letramento, é não só aquele que sabe ler e escrever, mas aquele que usa socialmente a leitura e a escrita, pratica a leitura e a escrita, responde adequadamente às demandas sociais de leitura e de escrita.

LETRAMENTO DEFINIDO NUM POEMA

Uma estudante norte-americana, de origem asiática, Kate M. Chong, ao escrever sua história pessoal de letramento, define-o em um poema; a tradução do poema, com as necessárias adaptações, é a seguinte [para a referência do livro em que o poema foi publicado, na língua original, veja o rodapé]:[4]

---

[4] McLAUGHLIN, M. & VOGT, M.E. *Portfolios in Teacher Education*. Newark, De: International Reading Association, 1996.

O QUE É LETRAMENTO?

Letramento não é um gancho
em que se pendura cada som enunciado,
não é treinamento repetitivo
de uma habilidade,
nem um martelo
quebrando blocos de gramática.

> Letramento é diversão
> é leitura à luz de vela
> ou lá fora, à luz do sol.

São notícias sobre o presidente,
o tempo, os artistas da TV
e mesmo Mônica e Cebolinha
nos jornais de domingo.

> É uma receita de biscoito,
> uma lista de compras, recados colados na geladeira,
> um bilhete de amor,
> telegramas de parabéns e cartas
> de velhos amigos.

É viajar para países desconhecidos,
sem deixar sua cama,
é rir e chorar
com personagens, heróis e grandes amigos.

> É um atlas do mundo,
> sinais de trânsito, caças ao tesouro,
> manuais, instruções, guias,
> e orientações em bulas de remédios,
> para que você não fique perdido.

Letramento é, sobretudo,
um mapa do coração do homem,
um mapa de quem você é,
e de tudo que você pode ser.

42 | Letramento

Se você deseja uma explicação do poema, leia esta
página e a página seguinte; se julga desnecessária
essa explicação, passe logo à página 44.

O QUE É LETRAMENTO?

Letramento não é um gancho
em que se pendura cada som enunciado,
não é treinamento repetitivo
de uma habilidade,
nem um martelo
quebrando blocos de gramática.

Letramento não é alfabetização: esta é que é um processo de "pendurar" sons em letras ("ganchos"); costuma ser um processo de treino, para que se estabeleçam as relações entre fonemas e grafemas, um processo de desmonte de estruturas linguísticas ("um martelo quebrando blocos de gramática").

Letramento é diversão,
É leitura à luz de vela
Ou lá fora, à luz do sol.

Letramento é prazer, é lazer, é ler em diferentes lugares e sob diferentes condições, não só na escola, em exercícios de aprendizagem.

São notícias sobre o presidente,
o tempo, os artistas da TV,
e mesmo Mônica e Cebolinha
nos jornais de domingo.

Letramento é informar-se através da leitura, é buscar notícias e lazer nos jornais, é interagir com a imprensa diária, fazer uso dela, selecionando o que desperta interesse, divertindo-se com as tiras de quadrinhos.

É uma receita de biscoito,
uma lista de compras, recados colados na
            geladeira,
um bilhete de amor,
telegramas de parabéns e cartas
de velhos amigos.

Letramento é usar a leitura para seguir instruções (a receita de biscoito), para apoio à memória (a lista daquilo que devo comprar), para a comunicação com quem está distante ou ausente (o recado, o bilhete, o telegrama).

É viajar para países desconhecidos,
sem deixar sua cama,
é rir e chorar
com personagens, heróis e grandes amigos.

Letramento é ler histórias que nos levam a lugares desconhecidos, sem que, para isso, seja necessário sair da cama onde estamos com o livro nas mãos, é emocionar-se com as histórias lidas, e fazer, dos personagens, amigos.

É um atlas do mundo,
sinais de trânsito, caças ao tesouro,
manuais, instruções, guias,
e orientações em bulas de remédios,
para que você não fique perdido.

Letramento é usar a escrita para se orientar no mundo (o atlas), nas ruas (os sinais de trânsito), para receber instruções (para encontrar um tesouro... para montar um aparelho... para tomar um remédio), enfim, é usar a escrita para não ficar perdido.

Letramento é, sobretudo,
um mapa do coração do homem,
um mapa de quem você é,
e de tudo que você pode ser.

Letramento é descobrir a si mesmo pela leitura e pela escrita, é entender-se, lendo ou escrevendo (delinear o mapa de quem você é), e é descobrir alternativas e possibilidades, descobrir o que você pode ser.

O poema mostra que letramento é muito mais que alfabetização. Ele expressa muito bem como o letramento é um *estado*, uma *condição*: o estado ou condição de quem interage com diferentes portadores de leitura e de escrita, com diferentes gêneros e tipos de leitura e de escrita, com as diferentes funções que a leitura e a escrita desempenham na nossa vida. Enfim: letramento é o estado ou condição de quem se envolve nas numerosas e variadas práticas sociais de leitura e de escrita.

LEIA SE QUISER:

Há uma palavra que talvez seria mais adequada para designar esse *estado* ou *condição* que estamos denominando *letramento:* a palavra *alfabetismo*. Ao contrário de *letramento*, é uma palavra dicionarizada, com a seguinte definição no Dicionário Aurélio:

Alfabetismo = estado ou qualidade de alfabetizado

De uma forma sintética, é o mesmo sentido de *letramento*. *Alfabetismo* teria a vantagem de apresentar-se como o antônimo de *analfabetismo* que, como vimos (página 30), é o "estado ou condição de analfabeto". Mas é a palavra *letramento* que se vem impondo, na área dos estudos sobre a leitura e a escrita.

Uma curiosidade: em Portugal, tem-se usado a palavra *literacia*, não se conhece a palavra *letramento* – *literacia* é uma transposição muito mais próxima da palavra *literacy*, do inglês. [Se quiser um exemplo do uso da palavra *literacia* na literatura educacional portuguesa, leia o rodapé.][5]

Tentamos responder, até agora, a duas das três perguntas da página 35:

---

[5] Antônio Nóvoa, um conhecido autor português de obras na área da Educação, afirma, ao prefaciar uma obra recente (*Ler e escrever no mundo rural do Antigo Regime: um contributo para a história da alfabetização e da escolarização em Portugal*, de Justino Pereira de Magalhães, 1994):

"Portugal vai fechar o século XX com níveis intoleráveis de *analfabetismo* (talvez da ordem dos 15%) e com níveis ainda mais baixos de *literacia*, entendida aqui como a utilização social da competência alfabética." (grifos meus). A citação faz mais que comprovar o uso da palavra *literacia* em Portugal: se pensarmos na situação brasileira, concluiremos que também nós fecharemos o século XX na mesma situação – com níveis intoleráveis de analfabetismo e níveis baixíssimos de letramento, ou literacia, ou alfabetismo.

RESPONDIDA?				**RESPONDIDA?**
Qual é o significado dessa palavra *letramento*?		Por que surgiu essa nova palavra, *letramento*?		Onde fomos buscar essa nova palavra, *letramento*?

Qual é a resposta para a última pergunta?

POR QUE SURGIU A PALAVRA LETRAMENTO?

A palavra analfabetismo nos é familiar, usamos essa palavra há séculos, ela já está presente em textos do tempo em que éramos Colônia de Portugal. É um fenômeno interessante: usamos, há séculos, o substantivo que nega (recorde a análise da palavra *analfabetismo* na página 30: a(n) + alfabetismo = privação de alfabetismo), e não sentíamos necessidade do substantivo que afirmasse: *alfabetismo* ou *letramento*. Por que só agora, no fim do século XX, a palavra *letramento* tornou-se necessária?

Como já foi dito anteriormente [recorde o item "Por que aparecem palavras novas na língua?" Página 34], palavras novas aparecem quando novas ideias ou novos fenômenos surgem. Convivemos com o fato de existirem pessoas que não sabem ler e escrever, pessoas analfabetas, desde o Brasil Colônia, e ao longo dos séculos temos enfrentado o problema de alfabetizar, de ensinar as pessoas a ler e escrever; portanto: o fenômeno do *estado ou condição de analfabeto* nós o tínhamos (e ainda temos...), e por isso sempre tivemos um nome para ele: *analfabetismo*.

À medida que o analfabetismo vai sendo superado, que um número cada vez maior de pessoas aprende a ler e a escrever, e à medida que, concomitantemente, a sociedade vai se tornando cada vez mais centrada na escrita (cada vez mais *grafocêntrica*), um novo fenômeno se evidencia: não basta apenas aprender a ler e a escrever. As pessoas se alfabetizam, aprendem a ler e a escrever, mas não necessariamente incorporam a prática da leitura e da escrita, não

46 Letramento

necessariamente adquirem competência para usar a leitura e a escrita, para envolver-se com as práticas sociais de escrita: não lêem livros, jornais, revistas, não sabem redigir um ofício, um requerimento, uma declaração, não sabem preencher um formulário, sentem dificuldade para escrever um simples telegrama, uma carta, não conseguem encontrar informações num catálogo telefônico, num contrato de trabalho, numa conta de luz, numa bula de remédio... Esse novo fenômeno só ganha visibilidade depois que é minimamente resolvido o problema do analfabetismo e que o desenvolvimento social, cultural, econômico e político traz novas, intensas e variadas práticas de leitura e de escrita, fazendo emergirem novas necessidades, além de novas alternativas de lazer. Aflorando o novo fenômeno, foi preciso dar um nome a ele: quando uma nova palavra surge na língua, é que um novo fenômeno surgiu e teve de ser nomeado. Por isso, e para nomear esse novo fenômeno, surgiu a palavra *letramento*.

LEIA SE QUISER:

Também na língua inglesa, a palavra que nega – *illiteracy* – foi usada muito antes que a que afirma – *literacy*: desde o século XVII os dicionários de língua inglesa registram a palavra *illiteracy*, enquanto só no final do século XIX passam a registrar *literacy*. Isso quer dizer que o fenômeno que se evidenciou entre nós neste fim do século XX, exigindo a palavra *letramento*, já se evidenciara nos Estados Unidos e na Inglaterra no final do século XIX... estamos atrasados em "apenas" um século...

Estarão agora respondidas as três perguntas da página 35?

RESPONDIDA?	**RESPONDIDA?**	**RESPONDIDA?**
Qual é o significado dessa palavra *letramento*?	Por que surgiu essa nova palavra, *letramento*?	Onde fomos buscar essa nova palavra, *letramento*?

Compreendido o que é *letramento*, por que surgiu a palavra letramento, qual a origem da palavra letramento, pode-se voltar à diferença entre *letramento* e *alfabetização*.

Texto didático 47

ALFABETIZAÇÃO: ação de ensinar/aprender a ler e a escrever

LETRAMENTO: estado ou condição de quem não apenas sabe ler e escrever, mas cultiva e exerce as práticas sociais que usam a escrita

---

cultiva = dedica-se a atividades de leitura e escrita
exerce = responde às demandas sociais de leitura e escrita

Precisaríamos de um verbo "letrar" para nomear a ação de levar os indivíduos ao letramento... Assim, teríamos *alfabetizar* e *letrar* como duas ações distintas, mas não inseparáveis, ao contrário: o ideal seria *alfabetizar letrando*, ou seja: ensinar a ler e a escrever no contexto das práticas sociais da leitura e da escrita, de modo que o indivíduo se tornasse, ao mesmo tempo, *alfabetizado* **e** *letrado*.

LEIA, SE QUISER APROFUNDAR-SE NAS DIFERENÇAS ENTRE "ALFABETIZADO" E "LETRADO":

Um adulto pode ser *analfabeto e letrado*: não sabe ler nem escrever, mas usa a escrita: pede a alguém que escreva por ele, dita uma carta, por exemplo (e é interessante que, quando dita, usa as convenções e estruturas linguísticas próprias da língua escrita, evidenciando que conhece as peculiaridades da língua escrita) – não sabe escrever, mas conhece as funções da escrita, e usa-as, lançando mão de um "instrumento" que é o alfabetizado (que funciona como uma máquina de escrever...); pede a alguém que leia para ele a carta que recebeu, ou uma notícia de jornal, ou uma placa na rua, ou a indicação do roteiro de um ônibus – não sabe ler, mas conhece as funções da escrita, e usa-a, lançando mão do alfabetizado. É *analfabeto*, mas é, de certa forma, *letrado*, ou tem um certo nível de letramento.

Uma criança pode ainda *não ser alfabetizada*, mas *ser letrada*: uma criança que vive num contexto de letramento, que convive com livros, que ouve histórias lidas por adultos, que vê adultos lendo e escrevendo, cultiva e exerce práticas de leitura e de escrita: toma um livro e finge que está lendo (e aqui de novo é interessante observar que, quando finge ler, usa as convenções e estruturas linguísticas próprias da narrativa escrita), toma papel e lápis e "escreve" uma carta, uma história. Ainda não aprendeu a ler e escrever, mas é, de certa forma, *letrada*, tem já um certo nível de letramento.

Uma pessoa pode *ser alfabetizada* e *não ser letrada*: sabe ler e escrever, mas não cultiva nem exerce práticas de leitura e de escrita, não lê livros, jornais, revistas, ou não é capaz de interpretar um texto lido: tem dificuldades para escrever uma carta, até um telegrama – é alfabetizada, mas não é *letrada*.

48 Letramento

Alfabetizado e/ou letrado – uma nova pergunta se impõe:

Como diferenciar o apenas alfabetizado do letrado?

É difícil a resposta a essa pergunta, porque *letramento* envolve dois fenômenos bastante diferentes, a leitura e a escrita, cada um deles muito complexo, pois constituído de uma multiplicidade de habilidades, comportamentos, conhecimentos:

Ler
É um conjunto de habilidades e comportamentos que se estendem desde simplesmente decodificar sílabas ou palavras até ler *Grande Sertão Veredas* de Guimarães Rosa... uma pessoa pode ser capaz de ler um bilhete, ou uma história em quadrinhos, e não ser capaz de ler um romance, um editorial de jornal... Assim: ler é um conjunto de habilidades, comportamentos, conhecimentos que compõem um longo e complexo *continuum*: em que ponto desse *continuum* uma pessoa deve estar, para ser considerada alfabetizada, no que se refere à leitura? A partir de que ponto desse *continuum* uma pessoa pode ser considerada letrada, no que se refere à leitura?

Escrever
É também um conjunto de habilidades e comportamentos que se estendem desde simplesmente escrever o próprio nome até escrever uma tese de doutorado... uma pessoa

> pode ser capaz de escrever um bilhete, uma carta, mas não ser capaz de escrever uma argumentação defendendo um ponto de vista, escrever um ensaio sobre determinado assunto... Assim: escrever é também um conjunto de habilidades, comportamentos, conhecimentos que compõem um longo e complexo *continuum*: em que ponto desse *continuum* uma pessoa deve estar, para ser considerada alfabetizada, no que se refere à escrita? A partir de que ponto desse *continuum* uma pessoa pode ser considerada letrada, no que se refere à escrita?

Conclui-se que há diferentes tipos e níveis de letramento, dependendo das necessidades, das demandas do indivíduo e de seu meio, do contexto social e cultural.

LETRAMENTO É UMA PALAVRA PLURAL? LEIA SE QUISER:

Na literatura educacional e linguística em língua inglesa, a palavra *literacy* vem sendo frequentemente usada no plural – *literacies*, o que evidencia o reconhecimento de que há diferentes tipos e níveis de *literacy*. Deveríamos talvez usar *letramento* no plural – *letramentos?*

---

analfabeto e alfabetizado, alfabetizado e letrado: conceitos imprecisos

Eleições de 1996. O jornal *Folha de São Paulo*, em 19 de julho de 1996, publica a seguinte notícia:

BAURU

Candidaturas são impugnadas após teste de alfabetização

da Agência Folha, em Bauru

O juiz eleitoral de Itapetininga Jairo Sampaio Incane Filho, 38, impugnou 20 dos 80 candidatos a prefeito e vereador das cidades de Itapetininga, Sarapuí e Alambari, na região de Sorocaba (87 km a oeste de São Paulo).

A impugnação foi motivada pelo fato de os candidatos terem sido reprovados em um teste de alfabetização realizado pelo juiz, no Fórum de Itapetininga.

Incane Filho disse que fez o texto com base na exigência contida na Lei Complementar nº 64/90, de 1992, do TRE (Tribunal Regional Eleitoral), que proíbe analfabetos de serem candidatos a cargos eletivos.

O juiz afirmou que convocou os 80 candidatos que disseram ter 1º grau incompleto e mostraram dificuldades no preenchimento dos documentos para o registro de suas candidaturas.

Os testes com os candidatos foram feitos individualmente. Seus nomes são mantidos em sigilo. "Pedi a todos que lessem e interpretassem um texto de um jornal infantil. Em seguida, pedi que cada um redigisse um texto, expondo sua lógica", disse.

Segundo Incane Filho, erros gramaticais não foram levados em conta. "Apenas observei se o candidato tem condições de entender um texto, pois uma vez eleito, ele vai ter de trabalhar com leis e documentos."

A assessoria de imprensa do TRE informou que o tribunal transmitiu uma recomendação aos juízes para que "em caso de dúvida", façam "um teste de alfabetização" nos candidatos.

Baseado numa lei que "proíbe *analfabetos* de serem candidatos a cargos eletivos", o juiz submeteu candidatos a prefeito e a vereador a "um teste de *alfabetização*".

Que razões levaram o juiz a supor que 80 candidatos eram *analfabetos?*	Duas razões: 1ª) tinham 1º grau incompleto; 2ª) mostraram dificuldades no preenchimento dos documentos para o registro de suas candidaturas.

Portanto: para o juiz, um *alfabetizado* seria alguém que tivesse o 1º grau completo e preenchesse formulários sem dificuldades.

No entanto, o juiz admitiu que, embora não tendo o 1º grau completo e revelando dificuldades para preencher documentos de registro de candidatura, o candidato a prefeito ou vereador poderia ser considerado *alfabetizado*:

Segundo o juiz, que comportamentos o candidato deveria demonstrar, para não ser considerado analfabeto?	O candidato deveria: • Ler e interpretar um texto; • redigir um texto sobre o texto lido.

O juiz definiu ainda o nível do texto que o candidato deveria ser capaz de interpretar e o critério de correção das respostas do candidato:

Segundo o juiz, o candidato deveria ser capaz de ler e interpretar que tipo de texto?	• texto de um jornal infantil.
Segundo o juiz, com que critérios os resultados do candidato deveriam ser avaliados?	• não levar em conta erros gramaticais; • verificar se o candidato tinha entendido o texto.

O juiz admitiu, pois, que um candidato a prefeito ou a vereador poderia não ter o 1º grau completo, poderia enfrentar dificuldades para preencher documentos, mas deveria ser capaz de ler e interpretar um texto de jornal infantil, e de redigir um texto sobre o que lera, mesmo cometendo erros gramaticais; e justificou esses critérios:

| Por que o juiz considerou que ser capaz de entender um texto era o critério adequado para avaliar se o candidato a prefeito ou vereador poderia ser considerado alfabetizado? | • Porque, se eleito, ele teria de trabalhar com leis e documentos (que deveria saber ler e interpretar). |

O juiz mostrou ter dois conceitos de alfabetização:

um *conceito genérico*, aplicável a qualquer pessoa – ter o 1º grau completo e ser capaz de preencher documentos, sem dificuldades;

um *conceito específico*, aplicável a pessoas que exercem a função de prefeito ou vereador – ser capaz de ler e interpretar textos legais e documentos oficiais.

TALVEZ VOCÊ QUEIRA REFLETIR UM POUCO MAIS SOBRE ESSE EPISÓDIO:

• A alfabetização que o juiz considera necessária a prefeitos e vereadores estará sendo avaliada num teste que mede a capacidade de ler e interpretar um texto de *jornal infantil?*

• Fica claro que, para o juiz, as práticas sociais que envolvem a língua escrita necessárias a prefeitos e vereadores são as de leitura de textos legais e documentos oficiais – é esta uma concepção adequada?

• Será que se pode concordar que o nível de alfabetização de um indivíduo deve ser definido pelas exigências das práticas sociais específicas que ele precisa ter com a escrita, segundo sua inserção no mundo do trabalho?

• Pense: o juiz procura avaliar o nível de *alfabetização* ou o nível de *letramento* dos candidatos?

Mas continuemos, porque o episódio não termina aí. Cerca de vinte dias depois, em 7 de agosto, o mesmo jornal *Folha de São Paulo* publica a seguinte notícia:

ALFABETIZAÇÃO

TRE aprova candidatura de reprovados em teste

da Reportagem Local

O plenário do Tribunal Regional Eleitoral aprovou ontem a candidatura de 30 políticos que foram reprovados em um teste de alfabetização aplicado pelo juiz eleitoral de Itapetininga, Jairo Sampaio Incane Filho, 38.

O juiz havia impugnado as candidaturas de políticos das cidades de Itapetininga, Sarapuí e Alambari, todas na região de Sorocaba (87 km a oeste de São Paulo). Eles tiveram que ler o texto de um suplemento infantil de um jornal e escrever algo sobre o que leram.

Incane Filho convocou para esse teste 80 candidatos que afirmaram não ter o primeiro grau completo. Os testes se basearam na lei complementar nº 64/90, de 1992, que proíbe analfabetos de serem candidatos a cargos eletivos.

O TRE reformou a sentença do juiz, considerando que os candidatos tinham "rudimentos" da alfabetização e que, portanto, não poderiam ser considerados analfabetos. Para chegar a essa conclusão, os juízes utilizaram a definição do dicionário Aurélio para a palavra "analfabeto".

O TRE deverá julgar hoje outros onze recursos apresentados pelos candidatos impugnados daquelas cidades. A aplicação de testes de alfabetização é uma orientação do próprio TRE a todos os juízes eleitorais do Estado.

Entre os candidatos impugnados pelo juiz Incane Filho, havia um ex-prefeito e seis vereadores. José Luiz Holtz (PSDB), ex-prefeito de Sarapuí, considerou a decisão do juiz de Itapetininga "um absurdo". Seu candidato a vice também foi impugnado.

Segundo o juiz Incane Filho, o teste que aplicou não levou em consideração os erros gramaticais, mas apenas a capacidade dos candidatos de entender um texto.

"Depois de eleitos, eles terão de trabalhar com leis e documentos", afirmou o juiz.

O Tribunal Regional Eleitoral – TRE – foi contrário ao conceito de alfabetização do juiz, considerando que os candidatos reprovados não eram analfabetos porque tinham "rudimentos da alfabetização":

Qual o critério do TRE para considerar que os candidatos não eram analfabetos?	A definição do dicionário Aurélio para a palavra "analfabeto".

Recorde a definição de *analfabeto* do dicionário Aurélio (página 30):

ANALFABETO: que não conhece o alfabeto, que não sabe ler e escrever

---

Portanto: o TRE considerou que os candidatos sabiam ler e escrever (já que tinham alguma ou algumas séries do 1º grau e, embora com dificuldades, enfrentaram os documentos de registro da candidatura) e, assim, não eram analfabetos.

O juiz eleitoral e o TRE mostraram ter conceitos diferentes de *alfabetização*: o juiz eleitoral avaliava antes o *letramento* que a *alfabetização* dos candidatos – embora desconhecesse o conceito de *letramento*, preocupava-se com as práticas sociais de leitura e escrita que eles deveriam ter; o TRE avaliou apenas a *alfabetização* dos candidatos, porque se satisfez com os "rudimentos" de leitura e escrita que tinham, desconhecendo seu nível de *letramento*, pois não considerou suas habilidades de usar a leitura e a escrita.

Esse episódio evidencia:

- a imprecisão do conceito de *alfabetização* – pessoas ou grupos têm conceitos diferentes, o conceito varia de acordo com a situação, com o contexto;
- o fenômeno do *letramento* ainda é pouco percebido em nossa sociedade.

Analfabeto-alfabetizado, letrado-iletrado: variações segundo as condições sociais e históricas

---

Um bom exemplo da variação do conceito de *alfabetização* ao longo do tempo e da dependência entre o fenômeno do *letramento* e as condições culturais e sociais é a comparação entre os critérios que foram no passado utilizados e os que hoje são utilizados para definir quem é analfabeto ou quem é alfabetizado nos recenseamentos da população brasileira.

Até a década de 40, o formulário do Censo definia o indivíduo como analfabeto ou alfabetizado perguntando-lhe se sabia assinar o nome: as condições culturais, sociais e políticas do país, até então, não exigiam muito mais que isso de grande parte da população. As pessoas aprendiam a desenhar o nome, apenas para poder votar ou assinar um contrato de trabalho.

A partir dos anos 40, o formulário do Censo passou a usar uma outra pergunta: *sabe ler e escrever um bilhete simples?* Apesar da impropriedade da pergunta [se quiser saber por quê, leia o quadro a seguir], ela já expressa um critério para definir quem é alfabetizado ou analfabeto que avança em relação ao critério de apenas saber escrever o nome: definir como analfabeto aquele que não sabe *ler e escrever um bilhete simples* indica já uma preocupação com os usos sociais da escrita, aproxima-se, pois, do conceito de *letramento,* e revela uma outra expectativa com relação ao *alfabetizado* – uma expectativa de que seja também *letrado.*

A IMPROPRIEDADE DA PERGUNTA DO CENSO – LEIA SE QUISER::

Reflita sobre as seguintes questões:
- Quais podem ser as atitudes dos indivíduos diante da pergunta "Você sabe ler e escrever um bilhete simples?" A pessoa pode dizer que sim, por envergonhar-se de dizer que não; ou pode dizer que não, por temer que lhe apresentem um "bilhete simples" e lhe peçam para lê-lo... Pode-se confiar nas respostas a essa pergunta?
- Um outro problema: em cada domicílio, um indivíduo responde por todos que ali habitam, ou seja, um indivíduo avalia a habilidade de todos os outros de "ler e escrever um bilhete simples"; pode-se confiar nessa avaliação?

- Ainda um terceiro problema: o que é "um bilhete simples"? é um bilhete com poucas palavras? com apenas duas ou três linhas? com apenas orações simples, ou coordenadas, sem subordinadas? com apenas palavras de uso comum?
- Mais um problema: saber "ler e escrever um bilhete simples" é ser apenas *alfabetizado?* ou é já ter um certo nível de *letramento?*
- Finalmente: nas atuais condições da sociedade brasileira, basta saber "ler e escrever um bilhete simples" para ser considerado alfabetizado? ou para ser considerado *letrado?*

Conclua: que interpretação pode-se dar aos índices de analfabetismo da população brasileira definidos pelo Censo?

A mudança de critério para a avaliação dos índices de analfabetismo no Brasil revela mudanças históricas, sociais, culturais. A comparação dos critérios utilizados aqui com os utilizados em países do Primeiro Mundo pode ser esclarecedora.

ANALFABETISMO NO PRIMEIRO MUNDO?

É surpreendente quando os jornais noticiam a preocupação com altos níveis de "analfabetismo" em países como os Estados Unidos, a França, a Inglaterra; surpreendente porque: como podem ter altos níveis de analfabetismo países em que a escolaridade básica é *realmente* obrigatória e, portanto, praticamente *toda* a população conclui o ensino fundamental (que, nos países citados, tem duração maior que a do nosso ensino fundamental – 10 anos

nos Estados Unidos e na França, 11 anos na Inglaterra). É que, quando a nossa mídia traduz para o português a preocupação desses países, traduz *illiteracy* (inglês) e *illetrisme* (francês) por *analfabetismo*. Na verdade, não existe *analfabetismo* nesses países, isto é, o número de pessoas que não sabem ler ou escrever aproxima-se de zero; a preocupação, pois, não é com os níveis de *analfabetismo*, mas com os níveis de *letramento*, com a dificuldade que adultos e jovens revelam para fazer uso adequado da leitura e da escrita: sabem ler e escrever, mas enfrentam dificuldades para escrever um ofício, preencher um formulário, registrar a candidatura a um emprego – os níveis de *letramento* é que são baixos.

QUER SABER COMO SE AVALIA O NÍVEL DE LETRAMENTO DA POPULAÇÃO?

Na segunda metade dos anos 80, realizou-se, nos Estados Unidos, uma pesquisa para definir o nível de *literacy* de jovens adultos americanos; o instrumento por meio do qual esse nível foi avaliado evidencia o que se considera ser, nesse país, *literate* ou *illiterate*: o teste incluiu questões para avaliar a capacidade de interpretar e usar informações de vários tipos de texto – editorial de jornal, notícias, poemas – e questões para avaliar a habilidade de extrair corretamente informações de quadros de horário, de mapas, de tabelas. Obviamente, não se avaliava o nível de alfabetização dos jovens e adultos...

No Brasil, há já algumas poucas pesquisas que procuram avaliar o nível de *letramento* de jovens e adultos; a tendência tem sido considerar como *alfabetizado* (o termo mais adequado seria *letrado*) o indivíduo que tenha pelo menos completado a 4ª série do ensino fundamental, com base no pressuposto de que são necessários no mínimo quatro anos de escolaridade para a apropriação da leitura e da escrita e de seus usos sociais. Quando se calcula o analfabetismo no Brasil com base nesse critério, o índice cresce assustadoramente...

Condições para o letramento

Termos despertado para o fenômeno do *letramento* – estarmos incorporando essa palavra ao nosso vocabulário educacional – significa que já compreendemos que nosso problema não é apenas ensinar a ler e a escrever, mas é, também, e sobretudo, levar os indivíduos – crianças e adultos – a fazer uso da leitura e da escrita, envolver-se em práticas sociais de leitura e de escrita.

No entanto, infere-se, de tudo que foi dito, que o nível de *letramento* de grupos sociais relaciona-se fundamentalmente com as suas condições sociais, culturais e econômicas. É preciso que haja, pois, **condições para o letramento**.

Uma primeira condição é que haja escolarização real e efetiva da população – só nos demos conta da necessidade de *letramento* quando o acesso à escolaridade se ampliou e tivemos mais pessoas sabendo ler e escrever, passando a aspirar a um pouco mais do que simplesmente aprender a ler e a escrever.

Uma segunda condição é que haja disponibilidade de material de leitura. O que ocorre nos países do Terceiro Mundo é que se alfabetizam crianças e adultos, mas não lhes são dadas as condições para ler e escrever: não há material impresso posto à disposição, não há livrarias, o preço dos livros e até dos jornais e revistas é inacessível, há um número muito pequeno de bibliotecas. Como é possível tornar-se *letrado* em tais condições? Isso explica o fracasso das campanhas de alfabetização em nosso país: contentam-se em ensinar a ler e escrever; deveriam, em seguida, criar condições para que os alfabetizados passassem a ficar imersos em um ambiente de letramento, para que pudessem entrar no mundo letrado, ou seja, num mundo em que as pessoas têm acesso à leitura e à escrita, têm acesso aos livros, revistas e jornais, têm acesso às livrarias e bibliotecas, vivem em tais condições sociais que a leitura e a escrita têm uma função para elas e tornam-se uma necessidade e uma forma de lazer.

EIS DOIS EXEMPLOS – LEIA-OS SE QUISER COMPROVAÇÃO DESSAS AFIRMAÇÕES:

Lembre-se do Mobral: pesquisas mostraram que pessoas alfabetizadas por esse movimento estavam, um ano depois, "desalfabetizadas": tinham aprendido a ler e a escrever, mas, por impossibilidade de uso da leitura e da escrita, por ausência, em seu meio, de demandas de leitura e escrita, por falta de acesso a material impresso, tinham perdido a habilidade de ler e escrever. Tinham sido alfabetizadas, mas não lhes foi possibilitado tornarem-se letradas.

O contrário aconteceu, por exemplo, em Cuba: quando houve ali a revolução e independência, no início dos anos 60, fez-se no país uma campanha de alfabetização intensa, que realmente alfabetizou toda a população em pouco tempo; mas não se fez só isso, produziram-se materiais de leitura que eram levados aos mais longínquos rincões do país, qualquer pequena povoação recebia livros para dar continuidade à campanha de alfabetização. O povo cubano tornou-se *alfabetizado* e *letrado*.

LETRAMENTO E ESCOLA, LETRAMENTO E EDUCAÇÃO DE JOVENS E ADULTOS

- Quais as consequências de tudo isso para a escola?
- Para a educação de jovens e adultos?
- O que significa alfabetizar?
- O que significa "letrar"?
- Quais as diferenças entre alfabetizar e "letrar"?
- Como alfabetizar "letrando"?
- Quando se pode dizer que uma criança ou um adulto estão *alfabetizados?* Quando se pode dizer que estão *letrados?*
- Quais são as condições para que o aprender a ler e a escrever seja algo que realmente tenha sentido, uso e função para as pessoas?

É sempre bom terminar com perguntas e não com soluções; diz o grande escritor português Saramago:

*"Tudo no mundo está dando respostas,
o que demora é o tempo das perguntas."*

Aí estão as perguntas; busquemos as respostas.

LETRAMENTO EM ENSAIO:

LETRAMENTO: COMO DEFINIR, COMO AVALIAR, COMO MEDIR

Monografia elaborada por solicitação da Seção de Estatística da UNESCO, em Paris, publicada em inglês, em março de 1992, com o título "Literacy Assessment and its implications for Statistical Measurement", traduzida para o francês e o espanhol; aqui se apresenta pela primeira vez a tradução para o português.

Tradução preliminar para o português: Raquel Luciana de Souza e Roberval Araújo de Oliveira.
Revisão da tradução preliminar: Sueli Campos Paiva. Versão para o português da autora.

Introdução

O permanente desafio, enfrentado mundialmente, para a universalização do letramento – do acesso pleno às habilidades e práticas de leitura e de escrita – está intimamente relacionado com um outro desafio: o de avaliar e medir o avanço em direção a essa meta. Dados tornam-se, assim, necessários, tanto para evidenciar se os objetivos estão sendo alcançados como para estabelecer políticas ou controlar programas de alfabetização e letramento. Por essa razão, desde escolas até instituições e organizações nacionais e internacionais estão continuamente buscando dados e produzindo índices e estatísticas sobre níveis de domínio de habilidades de leitura e de escrita e de uso de práticas sociais que envolvem a escrita, por meio de avaliações e medições.

Os processos de obtenção desses dados apresentam, porém, sérios problemas de natureza técnica, conceitual, ideológica e política.

Problemas de natureza técnica são, sem dúvida, os mais evidentes e urgentes: relacionam-se com os processos de tomada de decisão para a definição de procedimentos de avaliação, a construção de instrumentos de medida, a organização e processamento dos dados.

Entretanto, apesar da evidência e urgência desses problemas de natureza técnica, há uma série de problemas conceituais que deveriam servir de base para buscar-lhes a solução; equivocadamente, esses problemas conceituais são geralmente negligenciados, em virtude exatamente da imperativa necessidade de solução imediata dos problemas técnicos.

Um primeiro e essencial problema conceitual é a própria definição de letramento. Antes de coletar dados ou produzir estatísticas sobre letramento, uma questão central precisa ser respondida: que letramento é esse que se busca avaliar e medir? A avaliação e medição do letramento tem de fundamentar-se numa definição precisa do fenômeno; contudo, essa definição será possível?

Um segundo problema conceitual, intimamente ligado ao primeiro, é a escolha dos critérios a serem usados para a avaliação e medição adequadas do letramento. Tradicionalmente, o letramento é avaliado e medido em contextos escolares, em censos demográficos nacionais e em pesquisas por amostragem. Que critérios são utilizados para avaliá-lo em cada uma dessas situações? E que conceito de letramento conduziu a esses critérios? Em outras palavras, de que modo a avaliação do letramento em contextos escolares e extraescolares (censos da população nacional ou pesquisas por amostragem) enfrenta o problema da definição de letramento para, a partir dela, determinar os critérios para avaliá-lo?

Finalmente, como decorrência dessas questões, surge um terceiro problema. Por um lado, a importância e a necessidade da avaliação e medição do letramento não podem deixar de ser reconhecidas; por outro lado, cumprir os pré-requisitos para fazê-lo – ou seja, definir letramento com precisão e especificar critérios confiáveis para avaliá-lo e medi-lo – é uma questão bastante controversa. Como enfrentar esse paradoxo?

A finalidade deste estudo é levantar e discutir essas questões conceituais. Na primeira parte, examina-se o conceito de letramento como um fenômeno multifacetado e extremamente complexo; argumenta-se que o consenso em torno de uma única definição é impossível. Em seguida, discutem-se a avaliação e a medição do letramento em contextos escolares, censos demográficos nacionais e pesquisas por amostragem, apontando-se deficiências e pressupostos equivocados na definição de critérios para o planejamento e execução dessa avaliação e medição. Por fim, na última parte do estudo, a partir de argumentos a favor da avaliação e da medição do letramento, sugerem-se formas de enfrentar o conflito entre, de um lado, a importância e necessidade de sua avaliação e, de outro lado, a dificuldade de atender aos pré-requisitos para a realização dessa tarefa. Conclui-se enfatizando os aspectos ideológicos e políticos da definição de letramento e de sua avaliação e medição; na verdade, o propósito deste texto é sugerir uma base conceitual para a discussão dessas questões ideológicas e políticas que, sem dúvida, constituem o cerne do problema.

LETRAMENTO:
EM BUSCA DE UMA DEFINIÇÃO

Qualquer processo de avaliação ou medição exige uma definição precisa do fenômeno a ser avaliado ou medido. Sem dúvida, a maior parte das dúvidas e controvérsias em torno de levantamentos e pesquisas sobre níveis de letramento têm sua origem na dificuldade de formular uma definição precisa e universal desse fenômeno e na impossibilidade de delimitá-lo com precisão. Essa dificuldade e impossibilidade devem-se ao fato de

66 | Letramento

que o letramento cobre uma vasta gama de conhecimentos, habilidades, capacidades, valores, usos e funções sociais; o conceito de letramento envolve, portanto, sutilezas e complexidades difíceis de serem contempladas em uma única definição. Isso explica por que as definições de letramento diferenciam-se e até antagonizam-se e contradizem-se: cada definição baseia-se em uma dimensão de letramento que privilegia. Confrontem-se estes dois autores:

> Para estudar e interpretar o letramento (...), três tarefas são necessárias. A *primeira* é formular uma definição consistente que permita estabelecer comparações ao longo do tempo e através do espaço. *Níveis básicos ou primários de leitura e escrita* constituem os únicos indicadores ou sinais flexíveis e razoáveis para responder a esse critério essencial (...) o letramento é, acima de tudo, *uma tecnologia ou conjunto de técnicas usadas para a comunicação e para a decodificação e reprodução de materiais escritos ou impressos*: não pode ser considerado nem mais nem menos que isso. (Graff, 1987a, p. 18-19, grifos do original).

> As tentativas de definição (de letramento) estão quase sempre baseadas em uma concepção de letramento como um atributo dos *indivíduos*; buscam descrever os constituintes do letramento em termos de habilidades individuais. Mas o fato mais evidente a respeito do letramento é que ele é um fenômeno *social* (...) O letramento é um produto da transmissão cultural (...) Uma definição de letramento (...) implica a avaliação do que conta como letramento na época moderna em determinado contexto social... Compreender o que "é" o letramento envolve inevitavelmente uma análise social... (Scribner, 1984, p.7-8, grifos do original).

Subjacentes a essas definições estão as duas principais dimensões do letramento: a dimensão *individual* e a dimensão *social*. Quando o foco é posto na dimensão individual, o letramento é visto como um atributo *pessoal*, parecendo referir-se, como afirma Wagner (1983, p.5), à "simples posse individual das tecnologias mentais complementares de ler e escrever". Quando o foco se desloca para a dimensão social, o letramento é visto como um fenômeno *cultural*, um conjunto de atividades sociais que envolvem a língua escrita, e de exigências sociais de uso da língua escrita. Na maioria das definições atuais de letramento, uma ou outra dessas duas dimensões é priorizada: põe-se ênfase ou nas habilidades individuais de ler e escrever, ou nos usos, funções e propósitos da língua escrita no contexto social.[1]

Mas identificar essas duas dimensões que estão por trás de diferentes definições é apenas um primeiro passo para o enfrentamento do problema de formular uma definição adequada de letramento. Sem dúvida, a identificação de duas amplas categorias de definições – aquelas que enfocam a dimensão *individual* do fenômeno e aquelas que enfocam sua dimensão *social* – lança alguma luz sobre o problema, mas não é suficiente para sua completa elucidação, pois é preciso ainda considerar a complexidade e a natureza heterogênea de cada dimensão.

As duas seções seguintes enfocam essa natureza complexa e heterogênea das dimensões individual e social do letramento.

A DIMENSÃO INDIVIDUAL DO LETRAMENTO

Mesmo que apenas sob a perspectiva da dimensão *individual*, é difícil definir letramento, devido à extensão e diversidade das habilidades individuais que podem ser consideradas como constituintes do letramento.

Uma primeira fonte de dificuldade, que atinge o cerne mesmo da questão, é que o letramento envolve dois processos fundamentalmente diferentes: *ler* e *escrever*. Nas palavras de Smith:

> Ler e escrever são processos frequentemente vistos como imagens espelhadas uma da outra, como reflexos sob ângulos opostos de um mesmo fenômeno: a comunicação através da língua escrita.

---

[1] A habilidade de fazer uso do sistema numérico é, às vezes, incorporada ao conceito de letramento (ler, escrever, contar); neste estudo, porém, letramento está sendo tomado em seu sentido literal, referindo-se exclusivamente à escrita e à leitura.

68 Letramento

> Mas há diferenças fundamentais entre as habilidades e conhecimentos empregados na leitura e aqueles empregados na escrita, assim como há diferenças consideráveis entre os processos envolvidos na aprendizagem da leitura e os envolvidos na aprendizagem da escrita. (Smith, 1973, p.117)

Apesar dessas diferenças "fundamentais", as definições de letramento frequentemente tomam a leitura e a escrita como uma mesma e única habilidade, desconsiderando as peculiaridades de cada uma e as dessemelhanças entre elas (uma pessoa pode ser capaz de ler, mas não ser capaz de escrever; ou alguém pode ler fluentemente, mas escrever muito mal).

Por outro lado, as definições de letramento que consideram as diferenças entre leitura e escrita tendem a concentrar-se ou na leitura ou na escrita (mais frequentemente na leitura), ignorando que os dois processos são complementares: são diferentes, mas o *letramento* envolve ambos. Bormuth (1973), por exemplo, declara que "letramento é a habilidade de colocar em ação todos os comportamentos necessários para desempenhar adequadamente todas as possíveis demandas de *leitura*" (p.72, grifo nosso), e Kirsch e Guthrie (1977-1978) argumentam que "seria prudente usar o termo *letramento* para referir-se à leitura, e a expressão *competência cognitiva* para referir-se a habilidades gerais de ouvir, ler, escrever e calcular" (p.505, grifos do original).

Não levar em conta a coexistência, no conceito de letramento, desses dois constituintes heterogêneos – leitura e escrita – torna-se ainda mais sério, se se considera que cada um desses constituintes é um conjunto de habilidades bastante diferentes, e não uma habilidade única.

A *leitura*, do ponto de vista da dimensão individual de letramento (a leitura como uma "tecnologia"), é um conjunto de habilidades linguísticas e psicológicas, que se estendem desde a habilidade de decodificar palavras escritas até a capacidade de compreender textos escritos. Essas categorias não se opõem, complementam-se; a leitura *é* um processo de relacionar símbolos escritos a unidades de som e *é também* o processo de construir uma interpretação de textos escritos.

Desse modo, a leitura estende-se da habilidade de traduzir em sons sílabas sem sentido a habilidades cognitivas e metacognitivas; inclui, dentre outras: a habilidade de decodificar símbolos escritos; a habilidade de captar significados; a capacidade de interpretar sequências de ideias ou eventos, analogias, comparações, linguagem figurada, relações complexas, anáforas; e, ainda, a habilidade de fazer previsões iniciais sobre o sentido do texto, de construir significado combinando conhecimentos prévios e informação textual, de monitorar a compreensão e modificar previsões iniciais quando necessário, de refletir sobre o significado do que foi lido, tirando conclusões e fazendo julgamentos sobre o conteúdo.

Acrescente-se a essa grande variedade de habilidades de leitura o fato de que elas devem ser aplicadas diferenciadamente a diversos tipos de materiais de leitura: literatura, livros didáticos, obras técnicas, dicionários, listas, enciclopédias, quadros de horário, catálogos, jornais, revistas, anúncios, cartas formais e informais, rótulos, cardápios, sinais de trânsito, sinalização urbana, receitas... Como declara Smith (1973), a leitura pode ocorrer nas mais diversas situações, "de um recital público de poesia ao exame privado de listas de preço e horários de ônibus" (p.103).

Assim como a leitura, a *escrita*, na perspectiva da dimensão individual do letramento (a escrita como uma "tecnologia"), é também um conjunto de habilidades linguísticas e psicológicas, mas habilidades fundamentalmente diferentes daquelas exigidas pela leitura. Enquanto as habilidades de leitura estendem-se da habilidade de decodificar palavras escritas à capacidade de integrar informações provenientes de diferentes textos, as habilidades de escrita estendem-se da habilidade de registrar unidades de som até a capacidade de transmitir significado de forma adequada a um leitor potencial. E, assim como foi observado em relação à leitura, essas categorias não se opõem, complementam-se: a escrita *é* um processo de relacionar unidades de som a símbolos escritos, e *é também* um processo de expressar ideias e organizar o pensamento em língua escrita.

Desse modo, a escrita engloba desde a habilidade de transcrever a fala, via ditado, até habilidades cognitivas e metacognitivas; inclui a habilidade motora (caligrafia), a ortografia, o uso adequado de pontuação, a habilidade de selecionar informações sobre um determinado assunto e de caracterizar o público desejado como leitor, a habilidade de estabelecer metas para a escrita e decidir qual a melhor forma de desenvolvê-la, a habilidade de organizar ideias em um texto escrito, estabelecer relações entre elas, expressá-las adequadamente.

Além disso, as habilidades de escrita, tal como as de leitura, devem ser aplicadas diferenciadamente à produção de uma variedade de materiais escritos: da simples assinatura do nome ou elaboração de uma lista de compras até a redação de um ensaio ou de uma tese de doutorado.

À luz dessas considerações sobre o grande número de habilidades e capacidades cognitivas e metacognitivas que constituem a leitura e a escrita, a natureza heterogênea dessas habilidades e aptidões, a grande variedade de gêneros de escrita a que elas devem ser aplicadas, fica claro que é extremamente difícil formular uma definição consistente de letramento, ainda que nos limitássemos a formulá-la considerando apenas as habilidades *individuais* de leitura e escrita: quais habilidades e aptidões de leitura e escrita qualificariam um indivíduo como "letrado"? que tipos de material escrito um indivíduo deve ser capaz de ler e escrever para ser considerado "letrado"?

Respostas a tais questões são bastante problemáticas. As competências que constituem o letramento são distribuídas de maneira contínua, cada ponto ao longo desse contínuo indicando diversos tipos e níveis de habilidades, capacidades e conhecimentos, que podem ser aplicados a diferentes tipos de material escrito. Em outras palavras, o letramento é uma variável contínua, e não discreta ou dicotômica. Portanto, é difícil especificar, de uma maneira não arbitrária, uma linha divisória que separaria o indivíduo *letrado* do indivíduo *iletrado*. Já em meados dos anos 50, a monografia da UNESCO *World Illiteracy at mid-century* (1957) reconhecia que "o conceito de letramento é muito flexível e pode cobrir todos os níveis de habilidades, de um mínimo absoluto a um máximo indeterminado" (p.19), e concluía que é de fato impossível considerar pessoas letradas e iletradas como duas categorias distintas.

Contudo, as definições de *letrado* e *iletrado* apresentadas pela UNESCO em 1958, com o propósito de padronização internacional das estatísticas em educação, são uma tentativa de fazer tal distinção:

> É *letrada* a pessoa que consegue tanto ler quanto escrever com compreensão uma frase simples e curta sobre sua vida cotidiana.
>
> É *iletrada* a pessoa que não consegue ler nem escrever com compreensão uma frase simples e curta sobre sua vida cotidiana. (UNESCO, 1958, p.4)

Considerando apenas a dimensão individual do letramento, essas definições determinam quais habilidades de leitura e escrita caracterizam uma pessoa letrada (ler e escrever *com compreensão*), e a que tipo de material escrito essas habilidades devem ser aplicadas (uma frase simples e curta sobre sua vida cotidiana). Entretanto, a definição é arbitrária: qual é o fundamento para selecionar uma certa habilidade (ler e escrever *com compreensão* – e atente-se para a imprecisão da expressão "com compreensão") e um tipo específico de material escrito (*uma frase simples e curta sobre a vida cotidiana de alguém*) como o ponto do contínuo que define uma pessoa como *letrada?* Essa pergunta conduz à discussão apresentada na seção seguinte.

A DIMENSÃO SOCIAL DO LETRAMENTO

Aqueles que priorizam, no fenômeno letramento, a sua dimensão social, argumentam que ele não é um atributo unicamente ou essencialmente pessoal, mas é, sobretudo, uma prática social: letramento é o que as pessoas *fazem* com as habilidades de leitura e de escrita, em um contexto específico, e como essas habilidades se relacionam com as necessidades, valores e práticas sociais. Em outras palavras, letramento não é pura e simplesmente um conjunto de habilidades individuais; é o conjunto de práticas sociais ligadas à leitura e à escrita em que os indivíduos se envolvem em seu contexto social.

Mas há interpretações conflitantes sobre a natureza da dimensão social do letramento: uma interpretação progressista, "liberal" – uma versão "fraca" dos atributos e implicações dessa dimensão, e uma perspectiva radical, "revolucionária" – uma versão "forte" de seus atributos e implicações.

De acordo com a perspectiva progressista, "liberal" das relações entre letramento e sociedade, as habilidades de leitura e escrita não podem ser dissociadas de seus usos, das formas empíricas que elas realmente assumem na vida social; o letramento, nessa interpretação "fraca" de sua dimensão social, é definido em termos de habilidades necessárias para que o indivíduo *funcione* adequadamente em um contexto social – vem daí o termo *letramento funcional* (ou *alfabetização funcional*), difundido a partir da publicação do estudo internacional sobre leitura e escrita realizado por Gray, em 1956, para a UNESCO. Gray

(1956) enfatiza a natureza pragmática do letramento quando adota o conceito de *letramento funcional* que, como afirma, surgira a partir de pesquisas e experiências sobre leitura desenvolvidas nas duas ou três décadas anteriores. Gray define o *letramento funcional* como sendo os conhecimentos e habilidades de leitura e escrita que tornam uma pessoa capaz de "engajar-se em todas aquelas atividades nas quais o letramento é normalmente exigido em sua cultura ou grupo".

O enfoque na *funcionalidade* como o atributo essencial das habilidades de leitura e escrita influenciou significativamente a definição de letramento da UNESCO, já citada, formulada com o objetivo de padronização internacional de estatísticas educacionais. Revendo, em 1978, a Recomendação de 1958, a Conferência Geral da UNESCO julgou necessário introduzir um novo grau de letramento: embora mantendo a definição de 1958 de uma pessoa letrada, baseada em habilidades individuais, anteriormente citada, introduz o conceito de "pessoa funcionalmente letrada", fundamentado nos usos sociais da leitura e escrita:

> Uma pessoa é funcionalmente letrada quando pode participar de todas aquelas atividades nas quais o letramento é necessário para o efetivo funcionamento de seu grupo e comunidade e, também, para capacitá-la a continuar usando a leitura, a escrita e o cálculo para seu desenvolvimento e o de sua comunidade. (UNESCO, 1978a, p.1)

Letramento funcional significa, pois, *adaptação*, como na metáfora de Scribner (1984): "Esta metáfora (letramento como adaptação) é proposta para caracterizar conceitos de letramento que enfatizam seu valor pragmático ou de sobrevivência." (p.9) Scribner reforça a importância do letramento funcional ou de sobrevivência:

> A necessidade de habilidades de letramento na nossa vida diária é óbvia; no emprego, passeando pela cidade, fazendo compras, todos encontramos situações que requerem o uso da leitura ou a produção de símbolos escritos. Não é necessário

apresentar justificativas para insistir que as escolas são obrigadas a desenvolver nas crianças as habilidades de letramento que as tornarão aptas a responder a estas demandas sociais cotidianas. E os programas de educação básica têm também a obrigação de desenvolver nos adultos as habilidades que devem ter para manter seus empregos ou obter outros melhores, receber o treinamento e os benefícios a que têm direito, e assumir suas responsabilidades cívicas e políticas. (p.9)

Assim, letramento envolve mais do que meramente ler e escrever. Como Kirsch e Jungeblut (1990) afirmam, letramento não é simplesmente um conjunto de habilidades de leitura e escrita, mas, muito mais que isso, é o uso dessas habilidades para atender às exigências sociais. Acreditando no poder do letramento para conduzir ao progresso social e individual, os autores definem-no como "o uso de informação impressa e manuscrita para funcionar na sociedade, para atingir seus próprios objetivos e desenvolver seus conhecimentos e potencialidades." (p.1-8)

Subjacente a esse conceito liberal, funcional de letramento, está a crença de que consequências altamente positivas advêm, necessariamente, dele: sendo o uso das habilidades de leitura e escrita para o funcionamento e a participação adequados na sociedade, e para o sucesso pessoal, o letramento é considerado como responsável por produzir resultados importantes: desenvolvimento cognitivo e econômico, mobilidade social, progresso profissional, cidadania.[2]

Uma perspectiva diferente sobre as relações entre letramento e sociedade é proposta por aqueles que se filiam à vertente anteriormente denominada de uma interpretação radical, "revolucionária" dessas relações –

---

[2] A afirmação frequente de que o letramento traz, como consequência, a elevação dos níveis cognitivo, econômico e social tem sido questionada por numerosos estudos nas áreas da Psicologia, da Etnografia, da História: embora importante, a discussão dessa questão ultrapassa os objetivos do presente estudo. Para uma revisão sobre este tema, ver Akinnaso, 1981.

sua versão "forte". Enquanto que, na interpretação liberal, progressista (a versão "fraca"), letramento é definido como o conjunto de habilidades necessárias para "funcionar" adequadamente em práticas sociais nas quais a leitura e a escrita são exigidas, na interpretação radical, "revolucionária", letramento não pode ser considerado um "instrumento" neutro a ser usado nas práticas sociais quando exigido, mas é essencialmente um conjunto de práticas socialmente construídas que envolvem a leitura e a escrita, geradas por processos sociais mais amplos, e responsáveis por reforçar *ou* questionar valores, tradições e formas de distribuição de poder presentes nos contextos sociais.

Street (1984), um dos representantes desta interpretação alternativa da dimensão social do letramento, caracteriza-a como o "modelo ideológico" de letramento, em oposição ao "modelo autônomo". De acordo com Street, letramento é "um termo-síntese para resumir as práticas sociais e concepções de leitura e escrita" (p.1); tem um significado político e ideológico de que não pode ser separado e não pode ser tratado como se fosse um fenômeno "autônomo" (p.8). Street afirma que a verdadeira natureza do letramento são as formas que as práticas de leitura e escrita concretamente assumem em determinados contextos sociais, e isso depende fundamentalmente das instituições sociais que propõem e exigem essas práticas.

Provavelmente, a postura mais radical no quadro do "modelo ideológico" de letramento é a de Lankshear (1987). Colocando-se contra a pressuposição de que o letramento é um "instrumento" de que as pessoas simplesmente lançam mão para responder às exigências das práticas sociais, Lankshear afirma que é impossível distinguir letramento do conteúdo utilizado para adquiri-lo e transmiti-lo, e de quaisquer vantagens ou desvantagens advindas dos usos que são feitos dele, ou das formas que assume (p.40). O que o letramento *é* depende essencialmente de como a leitura e a escrita são concebidas e praticadas em determinado contexto social; letramento é um conjunto de práticas de leitura e escrita que resultam de uma concepção de *o quê, como, quando* e *por quê* ler e escrever.

Do ponto de vista desse conceito, as qualidades inerentes ao letramento e suas consequências positivas, enfatizadas por aqueles que afirmam sua funcionalidade como um instrumento para responder a demandas sociais e para realizar metas pessoais, são negadas. Nessa perspectiva, o pressuposto é de que as consequências do letramento estão intimamente relacionadas com processos sociais mais amplos, determinadas por eles, e resultam de uma forma particular de definir, de transmitir e de reforçar valores, crenças, tradições e formas de distribuição de poder. Assim, os partidários da versão "forte" das relações entre letramento e sociedade argumentam que as consequências do letramento são consideradas desejáveis e benéficas apenas por aqueles que aceitam como justa e igualitária a natureza e estrutura do contexto social específico no qual ele ocorre. Quando não é esse o caso, isto é, quando a natureza e a estrutura das práticas e relações sociais são questionadas, o letramento é visto como um instrumento da ideologia, utilizado com o objetivo de manter as práticas e relações sociais correntes, acomodando as pessoas às condições vigentes. Por exemplo: aqueles que criticam as sociedades capitalistas afirmam que o letramento funcional, tal como é concebido nessas sociedades, apenas reforça e aprofunda as relações e práticas que proporcionam ou vantagens ou desvantagens econômicas, relações e práticas estruturadas socialmente; como Lankshear afirma, o letramento funcional "designa um estado mínimo, essencialmente negativo e passivo: ser funcionalmente letrado é ser *capaz de estar à altura* das pequenas rotinas cotidianas e dos comportamentos básicos dos grupos dominantes na sociedade contemporânea". (p.64)

Resultam dessa concepção alternativas "revolucionárias" ao conceito liberal, progressista de "letramento funcional". Paulo Freire (1967, 1970a, 1970b, 1976) foi um dos primeiros educadores a realçar esse poder "revolucionário" do letramento, ao afirmar que ser alfabetizado é tornar-se capaz de usar a leitura e a escrita como um meio de tomar consciência da realidade e de transformá-la. Freire concebe o papel do letramento como sendo ou de libertação do homem ou de sua "domesticação", dependendo do contexto ideológico em que ocorre, e alerta para a sua natureza inerentemente política, defendendo que seu principal objetivo deveria ser o de promover a mudança social.

Essa nova maneira de conceber o letramento foi proposta no *Simpósio Internacional para o Letramento*, acontecido em Persépolis, em 1975, com o apoio da Unesco.[3] Um conceito mais amplo de letramento funcional foi então sugerido pelos participantes, propondo

> [...] uma distinção entre as duas principais categorias de funcionalidade: a primeira, de caráter econômico, relacionada com a produção e as condições de trabalho; a outra, de caráter cultural, relacionada com a transformação da consciência primária em consciência crítica (o processo de "conscientização") e com a ativa participação dos adultos em seu próprio desenvolvimento. (citado em Street, 1984, p.187)

Seguindo essa distinção, a Declaração de Persépolis considerou o letramento como sendo

> [...] não apenas o processo de aprendizagem de habilidades de leitura, escrita e cálculo, mas uma contribuição para a liberação do homem e para o seu pleno desenvolvimento. Assim concebido, o letramento cria condições para a aquisição de uma consciência crítica das contradições da sociedade em que os homens vivem e dos seus objetivos; ele também estimula a iniciativa e a participação do homem na criação de projetos capazes de atuar

---

[3] Um estudo exaustivo de como os conceitos de letramento e os programas para sua promoção evoluíram na Unesco, de 1946 a 1987, é desenvolvido por Jones (1988).

sobre o mundo, de transformá-lo e de definir os objetivos de um autêntico desenvolvimento humano. (citado em Bhola, 1979, p.38)

Lankshear (1987), citado anteriormente, em uma posição ainda mais radical, e endossando a distinção de O'Neil entre "adequadamente letrado" e "inadequadamente letrado" (O'Neil, 1970), mas dotando-a de maior força política, afirma que "o letramento adequado aumenta o controle das pessoas sobre suas vidas e sua capacidade para lidar racionalmente com decisões, porque as torna capazes de identificar, compreender e agir para transformar relações e práticas sociais em que o poder é desigualmente distribuído" (p.74). Levine (1982) faz a mesma afirmação, quando enfatiza o papel do letramento no processo de "produzir e reproduzir – *ou de falhar em reproduzir* – a distribuição social do conhecimento" (p.264, grifo nosso).

Resumindo, os conceitos de letramento que enfatizam sua dimensão social fundamentam-se ou em seu valor pragmático, isto é, na necessidade de letramento para o efetivo funcionamento na sociedade (a versão "fraca"), ou em seu poder "revolucionário", ou seja, em seu potencial para transformar relações e práticas sociais injustas (a versão "forte"). Apesar dessa diferença essencial, tanto a versão "fraca" quanto a versão "forte" evidenciam a relatividade do conceito de letramento: porque as atividades sociais que envolvem a língua escrita dependem da natureza e estrutura da sociedade e dependem do projeto que cada grupo político pretende implementar, elas variam no tempo e no espaço. Graff (1987a) afirma que o significado e contribuição do letramento não pode ser *pre*ssuposto, ignorando "o papel vital do *contexto socio-histórico*" (p.17). Nas palavras dele:

> O principal problema, que retarda muitíssimo os estudos sobre o letramento, seja no passado ou no presente, é o de reconstruir os contextos de leitura e escrita: como, quando, onde, por que e para quem o letramento foi transmitido; os significados que lhe foram atribuídos; os usos que dele foram feitos; as demandas de habilidades de letramento; os níveis atingidos nas respostas a essas demandas; o grau de restrição social à distribuição e difusão

do letramento; e as diferenças reais e simbólicas que resultaram das condições sociais de letramento entre a população. (p.23)

É, assim, impossível formular um conceito único de letramento adequado a todas as pessoas, em todos os lugares, em qualquer tempo, em qualquer contexto cultural ou político.

Estudos históricos documentam as mudanças de concepção de letramento ao longo do tempo;[4] estudos antropológicos e etnográficos evidenciam os diferentes usos do letramento, dependendo das crenças, valores e práticas culturais, e da história de cada grupo social.[5] Como afirma Scribner (1984):

> Em certo momento, a habilidade de escrever o próprio nome era a comprovação de letramento; hoje, em algumas partes do mundo, a habilidade de memorizar um texto sagrado é a principal demanda de letramento. O letramento não tem uma essência estática nem universal. (p.8)

Do ponto de vista histórico e antropológico, é, por exemplo, significativo que a língua inglesa tenha incorporado o termo *illiteracy* (ausência de letramento) muito antes que surgisse o termo *literacy* (letramento); segundo Charnley & Jones (1979), o *Oxford English Dictionary* registra o termo *illiteracy* desde 1660, enquanto que o termo positivo *literacy* só aparece registrado no final do século 19 (p.8). O surgimento do termo *literacy* nessa época reflete certamente uma mudança histórica nas práticas sociais: novas demandas sociais de uso da leitura e escrita exigiram uma nova palavra para designá-las. Consequentemente, um novo conceito foi criado.

É interessante observar que, em países onde demandas sociais complexas de uso da leitura e escrita não estão

---

[4] Ver, por exemplo: Graff (1987a, 1987b), Schofield (1968), Resnick & Resnick (1977), Furet & Ozouf (1977), Chartier & Hébrard (1989), Chartier (1985).

[5] Ver, por exemplo: Goody (1968,1987), Levine (1982, 1986), Heath (1983), Finnegan (1988), Scribner & Cole (1981), Wagner (1983, 1986, 1991), Schieffelin & Gilmore (1986).

ainda amplamente disseminadas, a língua não oferece um termo equivalente a *literacy*; no português do Brasil, por exemplo, circulam os termos negativos "analfabeto" e "analfabetismo" há muito tempo, mas só recentemente foram criados termos equivalentes a *literacy* – "alfabetismo", "letramento". O conceito oposto a "analfabetismo", significando mais do que ser capaz de assinar o próprio nome ou ler e escrever uma sentença simples, vai-se constituindo à medida que novas demandas de comportamento letrado vão surgindo no contexto social.

Pode-se concluir, então, que há diferentes conceitos de letramento, conceitos que variam segundo as necessidades e condições sociais específicas de determinado momento histórico e de determinado estágio de desenvolvimento.

Além disso, do ponto de vista sociológico, em qualquer sociedade, são várias e diversas as atividades de letramento em contextos sociais diferenciados, atividades que assumem determinados papéis na vida de cada grupo e de cada indivíduo. Assim, pessoas que ocupam lugares sociais diferentes e têm atividades e estilos de vida associados a esses lugares enfrentam demandas funcionais completamente diferentes: sexo, idade, residência rural ou urbana e etnia são, entre outros, fatores que podem determinar a natureza do comportamento letrado. Consequentemente, definir um conjunto universal de competências que evidenciassem o domínio de um "letramento funcional" é problemático: que parâmetros escolher para selecionar e definir essas competências? Da mesma forma, na perspectiva de um letramento "para a libertação", pessoas ou grupos que têm ideologias diferentes e, consequentemente, diferentes objetivos políticos propõem diferentes práticas de letramento, determinadas por seus valores, afirmações, ideais. Por exemplo: o conceito de letramento em sociedades em processo de mudança revolucionária (como em Cuba, nos anos 60, em Nicarágua, nos anos 80) não é o mesmo que nos países politicamente estáveis.

É POSSÍVEL UMA DEFINIÇÃO?

A discussão anterior permite concluir que o conceito de letramento envolve um conjunto de fatores que variam de habilidades e conhecimentos individuais a práticas sociais e competências funcionais e, ainda, a valores ideológicos e metas políticas.

Reconhecendo esses múltiplos significados e variedades de letramento, Scribner (1984) defende a conveniência de "desagregar" seus diversos níveis e tipos em um processo de decomposição (p.18). A sugestão que faz Harman de uma definição de letramento que distinga três diferentes estágios representa uma tentativa de realizar essa "desagregação":

> O primeiro (estágio) é a concepção de letramento como um instrumento. O segundo é a aquisição do letramento, a aprendizagem das habilidades de ler e escrever. O terceiro é a aplicação prática dessas habilidades em atividades significativas para o aprendiz. Cada estágio é dependente do anterior; cada um é um componente necessário do letramento. (Harman, 1970, p.228)

Um segundo exemplo de tentativas de "desagregar" o letramento é a tendência contemporânea, sobretudo em países desenvolvidos, de qualificar o termo, fazendo distinções entre letramento *básico* e letramento *crítico*, letramento *adequado* e *inadequado*, letramento *funcional* e *integral*, letramento *geral* e *especializado*, letramento *domesticador* e *libertador*, letramento *descritivo* e *avaliativo*, etc.

Uma tentativa mais radical de "desagregar" o letramento nos seus componentes é aquela proposta por autores que, em vez de considerarem o letramento como constituído de "estágios" ou componentes, ou como necessitando ser qualificado, argumentam que é mais adequado referir-se a *letramentos*, no plural, e não a um único *letramento*, no singular:

> [...] seria, provavelmente, mais apropriado referirmo-nos a "letramentos" do que a um único "letramento". (Street, 1984, p.8)

> [...] devemos falar de letramentos, e não de letramento, tanto no sentido de diversas linguagens e escritas, quanto no sentido de múltiplos níveis de habilidades, conhecimentos e crenças, no campo de cada língua e/ou escrita. (Wagner, 1986, p.259)
>
> [...] deveríamos identificar e estudar diferentes letramentos e não supor ou presumir um único letramento. (Lankshear, 1987, p.48)

Pode-se concluir que definir letramento é uma tarefa altamente controversa; a formulação de uma definição que possa ser aceita sem restrições parece impossível. Contudo, como observa Cervero (1985), "afirmar que uma definição geral e comum a todos não é possível... não quer dizer que não haja necessidade de uma definição geral e comum a todos" (p.53). Uma definição geral e amplamente aceita é necessária, especialmente quando se pretende avaliar e medir níveis de letramento: sem ela, como determinar critérios que estabeleçam a diferença entre letrado e iletrado, entre diferentes níveis de letramento? Na seção seguinte, alguns critérios comumente utilizados para avaliar e medir o letramento serão examinados do ponto de vista dessa controvérsia conceitual.

Avaliação e medição do letramento: em busca de critérios

Sendo difícil ou mesmo impossível definir letramento, enfrenta-se a falta de uma condição essencial para sua avaliação e medição: uma definição precisa que permita determinar os critérios a serem utilizados para distinguir pessoas letradas de iletradas, ou para estabelecer diferentes níveis de letramento.

Na ausência dessa condição, as avaliações e medições de letramento realizadas, quer através de censos populacionais, quer de pesquisas por amostragem, quer, ainda, em sentido mais restrito, realizadas por sistemas escolares ou escolas, produzem dados imprecisos. Segundo os censos populacionais, quase um bilhão de membros da população mundial adulta (de idade acima de 15 anos) são iletrados (UNESCO 1990); conforme pesquisas por amostragem, o letramento é hoje um grande problema até mesmo em países desenvolvidos (ver, por exemplo, Kirsch & Jungeblut, 1990); de acordo com estatísticas educacionais, tanto em países desenvolvidos quanto em países em desenvolvimento, um número alarmante de crianças não alcança o letramento nos primeiros anos do ensino fundamental.[6] Entretanto, que letramento (ou não letramento) está por trás desses dados? Se o letramento é um contínuo que representa diferentes tipos e níveis de habilidades e conhecimentos, e é um conjunto de práticas sociais que envolvem usos heterogêneos de leitura e escrita com diferentes finalidades, que ponto, nesse contínuo, deve separar adultos letrados de iletrados, em censos populacionais e pesquisas por amostragem, ou crianças bem sucedidas de crianças mal sucedidas na aquisição do letramento, em contextos escolares?

As principais tentativas de enfrentamento desse problema são discutidas abaixo. Como a avaliação e medição do letramento dependem essencialmente de seu propósito, a discussão é apresentada segundo as seguintes categorias: avaliação e medição do letramento em contextos escolares, em censos demográficos nacionais e em pesquisas por amostragem.

---

[6] Por exemplo: no Brasil, assim como em muitos países do Terceiro Mundo, uma grande porcentagem de crianças (em torno de 50%) repetem o primeiro ano de escolaridade, porque são consideradas não alfabetizadas; McGill-Franzen & Allington (1991) informam que, na América do Norte, "um número jamais alcançado de crianças estão repetindo os primeiros anos, basicamente porque estão "atrasadas" no desenvolvimento da leitura" (p.87). Para uma revisão crítica de dados referentes à América Latina, ver Roca (1989).

AVALIAÇÃO E MEDIÇÃO DO LETRAMENTO EM CONTEXTOS ESCOLARES

Nas sociedades contemporâneas, a instância responsável por promover o letramento é o sistema escolar (embora não seja impossível, como Scribner & Cole (1981) demonstraram, ser letrado sem ter tido escolarização); segundo Cook-Gumperz (1986), "é consenso social, nos dias de hoje, que o letramento é tanto o objetivo quanto o produto da escolarização" (p.16).[7] Mas o que se entende por esse letramento proposto como *objetivo* e *produto* da escolarização, e como é ele avaliado e medido em contextos escolares?

Para resolver o conflito entre a falta de uma definição precisa de letramento e a necessidade de sua avaliação e medição, o sistema escolar enfrenta condições simultaneamente favoráveis e desfavoráveis.

Condições favoráveis advêm do fato de que o letramento é, no contexto escolar, um *processo*, mais que um *produto*; consequentemente, as escolas podem fazer uso de avaliações e medições em vários pontos do contínuo que é o letramento, avaliando de maneira progressiva a aquisição de habilidades, de conhecimentos, de usos sociais e culturais da leitura e da escrita, evitando, assim, o problema de ter de escolher um único ponto do contínuo para distinguir um aluno letrado de um iletrado, uma criança alfabetizada de uma não alfabetizada.

Por outro lado, da natureza "teleológica" do sistema escolar advêm condições desfavoráveis para o enfrentamento do conflito entre a falta de uma definição precisa de letramento e a necessidade de sua avaliação e medição. As escolas

---

[7] A história das relações entre letramento e escolarização esclarece bastante os atuais procedimentos de avaliação e medição do letramento em contextos escolares, mas essa discussão ultrapassa os objetivos deste texto; para uma revisão crítica, ver Cook-Gumperz (1986).

são instituições às quais a sociedade delega a responsabilidade de prover as novas gerações das habilidades, conhecimentos, crenças, valores e atitudes considerados essenciais à formação de todo e qualquer cidadão. Para alcançar tal objetivo, o sistema escolar estratifica e codifica o conhecimento, selecionando e dividindo em "partes" o que deve ser aprendido, planejando em quantos períodos (bimestres, semestres, séries, graus) e em que sequência deve se dar esse aprendizado, e avaliando, periodicamente, em momentos pré-determinados, se cada parte foi suficientemente aprendida. Desse modo, as escolas fragmentam e reduzem o múltiplo significado do letramento: *algumas* habilidades e práticas de leitura e escrita são selecionadas e, então, organizadas em grupos, ordenadas e avaliadas periodicamente, através de um processo de testes e provas tanto padronizados quanto informais. O conceito de letramento torna-se, assim, fundamentalmente determinado pelas habilidades e práticas adquiridas através de uma escolarização burocraticamente organizada e traduzidas nos itens de testes e provas de leitura e de escrita. A consequência disso é um conceito de letramento reduzido, determinado pela escola, muitas vezes distante das habilidades e práticas de letramento que realmente ocorrem fora do contexto escolar – um *letramento escolar*, nas palavras de Cook-Gumperz (1986):

> A instituição escola redefiniu o letramento, tornando-o o que agora se pode chamar de letramento escolar, ou seja, um sistema de conhecimento descontextualizado, validado através do desempenho em testes (p.14).

Essa estreita relação entre letramento e escolarização *controla* mais do que *expande* o conceito de letramento, e seus efeitos sobre a avaliação e medição do letramento são significativos, embora não sejam os mesmos em países desenvolvidos e em desenvolvimento.

Nos países desenvolvidos, onde os sistemas escolares são rigorosamente organizados, o *letramento escolar* é, em geral, definido por meio do estabelecimento de determinados padrões de progresso desejado em leitura e escrita, e os níveis alcançados pelos estudantes tendo como parâmetro esses padrões são considerados uma representação adequada de letramento. Devido ao caráter "teleológico" do sistema escolar, esses padrões de progresso são definidos, em grande parte, por testes padronizados e/ou informais; como consequência, o fenômeno complexo e multifacetado do letramento é reduzido àquelas habilidades de leitura e escrita e àqueles usos sociais que os testes avaliam e medem. Desse modo, os critérios segundo os quais os testes são construídos é que definem o que é letramento em contextos escolares: um conceito restrito e fortemente controlado, nem sempre condizente com as habilidades de leitura e escrita e as práticas sociais necessárias fora das paredes da escola.

Essa é, provavelmente, uma explicação (dentre outras) para o fato de o letramento ainda ser um grande problema entre adultos de países desenvolvidos, apesar de, neles, a educação fundamental obrigatória atingir praticamente a todos: tendo alcançado um *letramento escolar*, os adultos são capazes de comportamentos *escolares* de letramento, mas são incapazes de lidar com os usos cotidianos da leitura e da escrita em contextos não escolares. Por exemplo, Kirsch & Jungeblut (1990) alegam que os problemas de leitura e escrita identificados em adultos jovens na América do Norte evidenciam um domínio limitado das habilidades e estratégias de processamento de informação necessárias para que os adultos sejam bem-sucedidos ao enfrentarem uma vasta gama de atividades no trabalho, em casa, em suas comunidades. Do mesmo modo, uma análise dos problemas de leitura e escrita de jovens adultos na Grã-Bretanha (ALBSU, 1987) revela que eles enfrentam dificuldades na vida cotidiana e também no trabalho, o que sugere que, talvez, o conceito de letramento adotado pela escola esteja de certa forma em dissonância com aquilo que é importante para as pessoas em sua vida diária.

Nos países em desenvolvimento, os efeitos da estreita relação entre escolarização e letramento são bastante diferentes.

Em primeiro lugar, a maioria dos países em desenvolvimento ainda não provê educação fundamental para todos e, obviamente, esse fato tem sérias implicações para a avaliação e mesmo para a conceituação de letramento. Por um lado, como a escolarização é a principal responsável, nas sociedades contemporâneas, por promover e garantir o letramento, a incapacidade do sistema escolar em oferecer uma escolarização universal resulta em altos índices de analfabetismo e baixos níveis de letramento: quase toda a população analfabeta do mundo encontra-se em países em desenvolvimento, enquanto que o índice de analfabetismo nos países desenvolvidos pode ser considerado desprezível (Unesco, 1990, p.4). Por outro lado, e como consequência do fato de o analfabetismo resultar da falta de escolarização, o conceito de letramento nos países em desenvolvimento é bastante diferente do conceito mais difundido nos países desenvolvidos: nesses, ser iletrado significa *ter dificuldades* para ler e escrever; naqueles, ser iletrado significa ser *incapaz* de ler e escrever. Por essa razão, enquanto que nos países desenvolvidos o *letramento* é o principal problema, e não o não-letramento (o analfabetismo), como afirmam Kirsch & Jungeblut (1990), nos países em desenvolvimento, pelo contrário, o *não-letramento* (o analfabetismo) é o principal problema, não o letramento.

Em segundo lugar, nos países em desenvolvimento, apesar de os sistemas escolares serem em geral rigidamente regulamentados, a adesão às normas e regulamentos não é rigorosamente controlada, de modo que se torna difícil assegurar padrões de resultados. No caso do letramento, a ausência de padrões estabelecidos de forma mais geral permite a utilização de critérios vagos e aleatórios de avaliação e medição, de modo que alunos da mesma faixa etária ou série evidenciam o domínio de habilidades de leitura e escrita bastante diferenciadas e níveis variados de *letramento escolar.* Quase sempre, nos países em desenvolvimento, em geral sociedades com divisões sociais marcantes, os padrões de letramento definidos pelas escolas variam de acordo com o *status* social e/ou econômico do aluno: os padrões são, quase sempre, consideravelmente mais altos para os alunos das classes altas. Assim, tornar-se letrado ou mesmo apenas alfabetizado numa escola de classe alta tem um significado bastante diferente de tornar-se letrado ou alfabetizado numa escola de classe trabalhadora; de fato, os alunos das classes trabalhadoras são sub-escolarizados e sub-letrados em comparação com os alunos das classes altas. Desse modo, como afirma Lankshear (1987), "a transmissão e a prática do letramento na escola contribuem para a manutenção de padrões desiguais de distribuição de poder e de vantagens dentro da estrutura social" (p.131).[8]

Em síntese, dois pontos principais devem ser enfatizados em relação à avaliação e medição do letramento em contextos escolares. O primeiro deles diz respeito ao conceito de *letramento escolar,* que decorre dos critérios definidos pela escola para avaliar e medir as habilidades de leitura e escrita: um conceito limitado, em geral insuficiente para responder às exigências das práticas sociais que envolvem a língua escrita, fora da escola. O segundo ponto diz respeito aos diferentes efeitos educacionais e sociais desse *letramento escolar* em países desenvolvidos e em desenvolvimento: nos

---

[8] Na verdade, Lankshear não se refere, nessa citação, exatamente aos países em desenvolvimento, mas sim às sociedades capitalistas modernas; entretanto, apesar de o problema que ele aponta não se limitar, certamente, apenas aos países em desenvolvimento, ele é, sem dúvida alguma, mais acentuado nesses países.

países desenvolvidos, sistemas educacionais fortemente organizados prescrevem padrões estritos e universais para a aquisição progressiva de níveis de letramento, enquanto que, nos países em desenvolvimento, um funcionamento inconsistente e discriminatório da escola gera padrões múltiplos e diferenciados de aquisição de letramento.

Essas questões têm uma influência significativa na definição de critérios para a avaliação e medição do letramento em censos populacionais, como se discute a seguir.

AVALIAÇÃO E MEDIÇÃO DO LETRAMENTO EM CENSOS POPULACIONAIS

Afirmar que um conceito único de letramento não é possível, tanto para a sociedade como um todo quanto em contextos escolares, não implica que esse conceito único não seja necessário; de fato, uma definição precisa é indispensável para fundamentar programas de coleta de dados sobre o letramento, como no caso de censos demográficos nacionais.

Nesses casos, o problema a enfrentar é que, apesar de o letramento, como foi discutido, não ser algo que as pessoas ou têm ou não têm – ele é um contínuo, variando do nível mais elementar ao mais complexo de habilidades de leitura e escrita e de usos sociais – em levantamentos censitários, questões práticas exigem que o letramento seja tratado como uma variável discreta e não contínua. Como um dos propósitos dos censos demográficos é fornecer informação estatística sobre letramento e analfabetismo, os instrumentos de avaliação não podem deixar de determinar um ponto de cisão no contínuo do letramento que distinga pessoas alfabetizadas ou letradas de analfabetas ou iletradas, e não podem deixar de usar a enganosa dicotomia "alfabetizado", "letrado", *versus* "analfabeto", "iletrado".

Tradicionalmente, os levantamentos censitários coletam dados sobre o letramento basicamente através de um de dois processos: o primeiro é a autoavaliação, ou seja, o próprio informante responde se é alfabetizado, letrado, ou se é analfabeto, iletrado; o segundo é a obtenção de informação sobre a conclusão, ou não, pelo informante, de uma determinada série escolar, ou seja, a obtenção de dado sobre a escolarização formal. A definição de letramento e os critérios para avaliá-lo variam, assim, enormemente, pois dependem do ponto específico escolhido, seja pelo recenseado seja pelo recenseador, como linha divisória entre indivíduos alfabetizados e analfabetos, letrados e iletrados, ao longo do contínuo que é o letramento.

Na verdade, a decisão sobre que ponto escolher como linha divisória é determinada pelo estágio histórico da sociedade em análise, ou seja, por suas condições culturais, sociais e econômicas específicas num determinado momento, e depende das práticas reais de usos da leitura e da escrita e dos processos através dos quais esses usos são transmitidos naquelas condições específicas e naquele momento. Assim, a linha divisória escolhida para distinguir o "alfabetizado", o "letrado" do "analfabeto", do "iletrado" varia de sociedade para sociedade: pessoas classificadas como alfabetizadas ou letradas em um determinado país não o seriam em outro. Mais ainda: em um mesmo país, os conceitos de alfabetizado e analfabeto, de letrado e iletrado variam ao longo do tempo: à medida que as condições sociais e econômicas mudam, também as expectativas em relação ao letramento mudam, e aqueles classificados como alfabetizados ou letrados em determinado momento podem não sê-lo em outro.

A própria escolha entre coletar dados sobre o letramento através de autoavaliação ou de identificação de nível de escolarização depende do estágio de desenvolvimento social e econômico da sociedade e, consequentemente, de seu sistema escolar.

Os países em desenvolvimento optam, em geral, pela coleta de dados através do processo de autoavaliação ¾ a avaliação feita pelo próprio informante sobre suas habilidades de leitura e escrita é considerada a mais adequada, por várias razões: primeiramente, porque as práticas sociais de leitura e escrita não estão suficientemente difundidas entre a população, não sendo pertinente, por isso, pretender avaliar nível ou níveis de letramento; em segundo lugar, porque a educação fundamental universal e obrigatória ainda não foi inteiramente alcançada, de modo que o critério de nível de escolaridade seria improcedente; além disso, e em terceiro lugar, porque os sistemas escolares estão organizados de modo inconsistente e não são homogêneos, funcionando em níveis de qualidade muito diferentes, de modo que haveria pouca concordância sobre o que pode significar a conclusão de determinada série escolar em diferentes regiões, em diferentes escolas.

Os países desenvolvidos, ao contrário, geralmente utilizam-se de dados sobre nível de escolarização para aferir o grau de letramento da população: considera-se necessária a conclusão de um certo número de anos de escolarização formal para caracterizar a população letrada, porque a vida social exige habilidades e práticas de letramento em inúmeras e diferentes ocasiões, a educação fundamental básica para todos já foi praticamente atingida, e os sistemas escolares são rigorosamente organizados.

Entretanto, tanto a autoavaliação quanto informações sobre conclusão de série escolar são processos problemáticos para a coleta de dados a respeito do letramento, como se discute a seguir.

Autoavaliação

Informações sobre o letramento através de autoavaliação, coletadas em censos demográficos nacionais, são obtidas por meio de uma ou mais perguntas feitas ao indivíduo, perguntas que traduzem uma definição prévia daquilo que se convencionou ser letramento. Entretanto, apesar da tentativa de garantir confiabilidade aos dados derivando as perguntas de uma definição de letramento decidida previamente, as informações através de autoavaliação sofrem de algumas deficiências sérias.

A primeira deficiência é resultado da aplicação errônea da definição de letramento mais amplamente utilizada em censos demográficos, definição que gera as perguntas e a aferição das respostas. Apesar de países diferentes utilizarem definições diferentes, a fonte primária é invariavelmente a recomendação da Unesco: "é letrada a pessoa que consegue tanto ler quanto escrever com compreensão uma frase simples e curta sobre sua vida cotidiana" (UNESCO, 1978a). Contudo, o uso dessa definição básica para fins de autoavaliação não deixa de ser problemático: como se pode traduzi-la em uma ou mais perguntas breves a serem incluídas no questionário censitário?

A fim de evitar esse problema, na maioria dos países a pergunta do censo sobre o letramento é simplesmente se a pessoa sabe ler e escrever ("Você sabe ler e escrever?"), sem qualquer referência a *o quê* a pessoa é capaz de ler e escrever ou à *compreensão* do que é lido ou escrito; o resultado é que o significado da resposta "sim" ou não" do informante é, na melhor das hipóteses, dúbio.[9] Como observa o estudo técnico das Nações Unidas de 1989 sobre a avaliação do letramento:

> Como determinar se a resposta inclui o requisito de "com compreensão", aplicado a "uma frase simples e curta sobre sua vida cotidiana", é uma questão diferente e complexa. Freqüentemente, presume-se simplesmente que este é o caso; às vezes, a questão ou as questões especificam um contexto

---

[9] Sociedades multilíngues e multiletradas enfrentam ainda um outro problema: em que língua o indivíduo deve saber ler e escrever? Para uma discussão dessa questão, ver Wagner (1990), United Nations (1989), Unesco (1978b).

ambíguo tal como em: "Você sabe ler uma mensagem simples?" (United Nations, 1989, p.85)

No Brasil, por exemplo, o manual de instrução que orienta o recenseador inclui uma definição de "alfabetizado" a ser usada no preenchimento do questionário, definição que é, na verdade, uma versão simplificada da definição da Unesco: uma pessoa deve ser considerada alfabetizada se for capaz de ler e escrever uma mensagem simples na sua própria língua (IBGE, 1991). Na prática, contudo, os recenseadores geralmente não seguem estritamente as instruções e confiam exclusivamente na resposta afirmativa ou negativa do informante à questão concisa que aparece no questionário: "Você sabe ler e escrever?" Uma das razões que pode explicar a desconsideração da definição proposta no manual de instrução é provavelmente a dificuldade de saber exatamente o que ela significa: qual deveria ser a extensão de "uma mensagem simples"? quantas unidades de informação ela deveria incluir? em que nível de proficiência ela deveria ser lida ou escrita? o que quer dizer "com compreensão"? etc.

Um segundo obstáculo à confiabilidade das informações obtidas através de autoavaliação é a impossibilidade de, com base apenas na resposta afirmativa ("sim") ou negativa ("não") à pergunta sobre a habilidade do informante de ler e escrever, captar distinções importantes em termos de habilidades e processos (por exemplo, leitura *versus* escrita; diferença entre decodificação e compreensão ou interpretação; diferença entre apenas ser capaz de transcrever unidades sonoras e ser capaz de comunicar-se por escrito com um leitor potencial). Na verdade, as respostas "sim" ou "não" a perguntas a respeito das próprias habilidades de leitura e escrita dependem, fundamentalmente, da avaliação que o informante faz de suas habilidades, competências e práticas pessoais de letramento. Deve-se salientar aqui um ponto importante: essa avaliação que o informante faz de si mesmo é frequentemente influenciada por um conceito de letramento definido pela escola, isto porque, nas sociedades contemporâneas, como foi dito antes, as escolas são "árbitros dos padrões de letramento" (Cook-Gumperz, 1986, p.34), de modo que o informante tende a descrever-se como alfabetizado/analfabeto, letrado/iletrado, tendo como parâmetros as habilidades e práticas de letramento que são tipicamente ensinadas e medidas nos contextos escolares, ou seja, de acordo com um conceito de *letramento escolar* e não em função das habilidades e práticas aprendidas e usadas de fato na vida cotidiana fora da escola.[10]

Uma outra consideração a ser feita é que as perguntas de autoavaliação nos levantamentos censitários não são respondidas por cada indivíduo separadamente, mas por um morador do domicílio que responde por todos os outros moradores. Assim, a classificação de um indivíduo como "alfabetizado" ou "analfabeto", "letrado" ou "iletrado" baseia-se não apenas na avaliação que o informante faz de suas próprias habilidades de letramento, mas também na estimativa que faz das habilidades dos outros moradores: com que critérios o informante classifica a si mesmo e aos outros como dominando ou não as habilidades necessárias para que o indivíduo seja considerado alfabetizado ou letrado?

Finalmente, as respostas do informante às perguntas do censo sobre letramento podem não corresponder às suas condições reais, devido a inibições sociais e psicológicas e atitudes de censura. Como os informantes desconfiam frequentemente das motivações do recenseador, podem dar respostas *desejáveis* em vez de respostas *sinceras*; por exemplo, pessoas analfabetas muitas vezes

---

[10] Até mesmo em países do Terceiro Mundo, embora o ensino fundamental para todos ainda não tenha sido alcançado, uma grande maioria da população tem algum tipo de contato com a escolarização elementar, de modo que os parâmetros da escola para avaliação do letramento são em geral bastante conhecidos e amplamente internalizados.

preferem esconder que não sabem ler e escrever, por vergonha de admitir, diante de um estranho, sobretudo alguém que veem como exercendo um papel de autoridade, o que consideram ser uma deficiência; ou, pelo contrário, pessoas alfabetizadas ou letradas podem declarar não saber ler e escrever pelo temor de vir a serem submetidas a um teste ou alguma outra forma de medição direta. Como afirma Schofield (1968):

> Como na maioria das investigações atuais sobre o letramento, os dados desses relatórios (relatórios estatísticos) são medidas das opiniões das pessoas sobre suas competências de letramento, tal como foram declaradas a estranhos, e não constituem uma evidência direta da existência dessas competências. O perigo de resultados pouco confiáveis nesses casos, sobretudo quando se estabelece uma relação entre *status* e posse de competências de letramento, sequer precisa ser enfatizado. (p.319)

À luz dessas considerações, pode-se concluir que, apesar das tentativas de garantir a confiabilidade dos dados, as informações sobre índices de letramento baseadas em autovaliação são muito imprecisas. A principal causa disso é que o marco divisório que distinguiria pessoas alfabetizadas, letradas, de pessoas analfabetas, iletradas, ao longo do contínuo do letramento, varia enormemente nas pesquisas feitas para censos demográficos, porque sua caracterização depende de fatores diversos e frequentemente discrepantes: a aplicação (ou má aplicação) pelo recenseador da definição de letramento pré-estabelecida e da qual deveria derivar-se esse marco divisório; a decisão do próprio informante sobre esse marco divisório, ao descrever a si mesmo e a outros membros da família como alfabetizados ou analfabetos; os aspectos psicológicos e sociais relacionados com o *status* do letramento na sociedade.

Essas restrições às informações sobre letramento obtidas por autovaliação têm conduzido ao procedimento alternativo de medir competências e práticas de letramento com base na escolarização e na conclusão de determinada série escolar.

Conclusão de série escolar

Definir, avaliar e medir o letramento em termos de anos de escolarização apresenta algumas vantagens conceituais em relação a fazê-lo com base em autoavaliação.

A principal vantagem é que, enquanto a autoavaliação fundamenta-se essencialmente na suposição de que existe um ponto específico, num contínuo de habilidades e práticas, que separa o alfabetizado, o letrado, do analfabeto, do iletrado, o critério baseado em número de anos de escolaridade, embora tenha também o objetivo, no caso dos levantamentos censitários, de distinguir alfabetizado, letrado, de analfabeto, iletrado, traz em si, intrinsecamente, o reconhecimento de que o letramento é uma série ou um contínuo de competências e práticas, de certa forma escapando, assim, à dicotomia artificial letramento *versus* analfabetismo. Na verdade, avaliar e medir o letramento com base no número de anos de escola fundamental concluídos é reconhecer que é gradualmente que as pessoas passam do analfabetismo, do não letramento, ao letramento, e que isso ocorre ao longo de um certo período de tempo e através de vários estágios.

Uma outra vantagem de avaliar o letramento em termos de anos de escolarização é que a responsabilidade de classificar indivíduos como alfabetizados, letrados, ou analfabetos, iletrados é transferida para um árbitro provavelmente mais confiável: enquanto a informação baseada em autoavaliação fundamenta-se basicamente na avaliação do próprio informante sobre suas competências de leitura e escrita, como discutido anteriormente, o critério de conclusão de série escolar atribui a avaliação ao sistema escolar, aproximando-se, dessa forma, de uma estimativa mais imparcial.

Entretanto, o número de anos de escolaridade concluídos, como critério para a avaliação e medição do letramento, suscita um problema crucial: é necessário selecionar uma determinada série escolar como linha divisória entre o analfabetismo, o não letramento e o letramento, e essa seleção é inevitavelmente arbitrária. Hillerich (1978) expressa esse problema nos seguintes termos:

Se um determinado número de anos na escola é adotado como base de avaliação do letramento, é necessário apenas escolher a série que será usada como critério. Tal decisão pode ser feita em termos do número de iletrados que se deseja declarar – quanto mais avançada a série escolhida, maior será, obviamente, o número de "iletrados" identificado. Ou a série pode ser escolhida com base em algum nível que se presuma "necessário" para que adultos sejam bem sucedidos. (p.31)

Os dados abaixo, relativos a estimativas de letramento nos Estados Unidos, fornecidas por Newman & Beverstock (1990),[11] reforçam o argumento de Hillerich: os dados ilustram a arbitrariedade da seleção de uma determinada série cuja conclusão indicaria letramento adequado ou satisfatório:

Nos anos 30, o *Civilian Conservation Corps* utilizou a conclusão da terceira série como padrão de letramento. No início da Segunda Guerra Mundial, a conclusão da quarta série foi considerada como indicativo de letramento suficiente para a entrada no exército. Contudo, à medida que a guerra avançava, as exigências de letramento foram alteradas, de modo que um número suficiente de soldados pudesse ser incorporado. O censo especial de 1947 estabeleceu como nível indicativo de letramento cinco anos de escolarização, e 13.5 por cento da população masculina não atingiu esse nível. O censo de 1949 tomou como critério a quinta série, e o de 1952, a sexta série. Na década de sessenta, o Departamento de Educação dos Estados Unidos estabeleceu como nível indicativo de letramento oito anos de escolarização. Considerando 9 anos de escolarização como o mínimo necessário para ser atingido o letramento, o censo de 1980 revelou 24 milhões de pessoas de 25 anos ou mais que eram iletradas – 18 por cento das pessoas nessa faixa etária. Mas, tomando como critério um mínimo de 12 anos de escolaridade, o mesmo censo encontrou 45 milhões de pessoas iletradas, ou seja, 34 por cento. (p.57)

Como os dados deixam claro, o número de anos de escolaridade considerados necessários para que seja alcançado o letramento pode aumentar com o tempo: à medida que a sociedade vai-se tornando mais complexa, mais

---

[11] A fonte dos dados apresentados por Newman & Beverstock é: McGrail, J. (1984). *Adult Illiterates and Adult Literacy Programs: A Summary of Descriptive Data*. San Francisco, CA: National Adult Literacy Project, Far West Laboratory.

exigências vão sendo feitas em relação a habilidades e práticas de leitura e escrita e, consequentemente, níveis mais avançados de escolarização vão sendo considerados necessários. Mais ainda, a seleção de uma determinada série como linha divisória entre letramento e não letramento depende dos fins da avaliação e medição, ou seja, daquilo que é julgado necessário em função dos efeitos desejados. Finalmente, e obviamente, pode-se obter qualquer número de analfabetos ou iletrados, apenas tomando-se como critério a conclusão desta ou daquela série.

Além da arbitrariedade inerente ao critério de escolher uma determinada série escolar e decidir que, concluída ela, foi atingido um nível adequado de letramento e, abaixo dela, permanece-se no não letramento (Hillerich, 1978, p.33), o critério de conclusão de determinada série escolar, para avaliar o letramento, baseia-se em algumas suposições equivocadas.

Primeiramente, o uso do critério de conclusão de série escolar para avaliar o letramento em levantamentos censitários pressupõe que a educação universal e obrigatória é adequadamente oferecida, de modo que todo indivíduo tenha a oportunidade de entrar e permanecer no sistema escolar. Mais ainda, esse sistema deve ser fortemente organizado, para permitir supor que a natureza e qualidade da escolarização seja suficientemente uniforme entre as escolas, e que o mesmo nível de letramento seja alcançado no mesmo número de anos em escolas diferentes.

Isto certamente não ocorre nos países em desenvolvimento, em que a conclusão de determinada série escolar tem pouca validade como critério para a avaliação do letramento, porque ainda não é oferecido o ensino fundamental para todos, e a organização e controle escolares são, em geral, tão precários que uma grande parte das crianças que conseguem ter acesso à escola ou a abandonam, depois de completar dois ou três anos de escolarização fundamental, ou repetem a mesma série diversas vezes (em geral a primeira série).[12] Mais ainda, nos países em desenvolvimento, justamente por causa do índice de reprovações e das repetências decorrentes delas, a conclusão da quarta série, por exemplo (em geral selecionada como linha divisória entre analfabetismo e letramento) representa com frequência, na verdade, seis, oito ou dez anos de escolarização.

Até mesmo nos países desenvolvidos, onde os sistemas educacionais são em geral submetidos a padrões bem definidos de progressão de série para série, não deixa de ser discutível supor que o processo de escolarização é uniforme entre as escolas, igualando-se o que é certamente desigual: processos de escolarização, competência dos professores, potencialidades dos alunos, valores atribuídos pela comunidade ao letramento. Como observa Oxenham (1980):

> [...] enquanto quatro anos de escolarização, em certas escolas de alguns países, podem habilitar a maioria dos alunos a tornar-se adequada e permanentemente letrada, o mesmo número de séries em outro lugar pode resultar simplesmente em permanência no analfabetismo. (p.90)

Uma segunda suposição subjacente ao critério de conclusão de série escolar para avaliação e medição do letramento é a presumida relação entre comportamentos adquiridos na escola e habilidades e práticas de letramento ou, em outras palavras, uma suposição de que o letramento é aquilo que as escolas ensinam e medem e, portanto, é basicamente adquirido por meio da escolarização. Além do fato de que essa suposição ignora a aprendizagem por

---

[12] O Brasil é um exemplo característico: cerca de apenas 50 por cento das crianças de sete anos brasileiras matriculadas na primeira série passam para a série seguinte; os outros 50 por cento ou deixam a escola ou repetem o ano.

meios informais ao longo da vida, em situações externas à escola, há outras importantes evidências de que se trata de uma suposição discutível.

Em primeiro lugar, apesar de ter recebido ainda pouca atenção a hipótese de que um determinado nível/série concluído equivale a letramento, alguns estudos empíricos sugerem que ela não procede: Harman (1970), Kirsch & Guthrie (1977-1978), Hillerich (1978), Wagner (1991) relatam resultados de pesquisa que indicam haver uma relação muito tênue entre o critério de série escolar concluída e as competências de letramento do adulto.

Em segundo lugar, a suposta ligação de causa-e-efeito entre escolarização e letramento é refutada pelo fato de que o não letramento (o analfabetismo funcional) continua a ser um grave problema nos países onde o ensino fundamental obrigatório para todos foi praticamente alcançado, como no caso dos países desenvolvidos. Se a conclusão de uma determinada série equivale a letramento, por que baixos níveis de letramento ocorrem em sociedades em que o direito à escolaridade básica é garantido a todos?

Esse aparente paradoxo pode ser compreendido se se considera o fato de que as escolas, como discutido acima, avaliam e medem o letramento segundo as exigências de desempenho determinadas por instrumentos de avaliação definidos por elas mesmas, internamente, não levando em conta, em geral, as competências de letramento requeridas em situações exteriores a elas. Na verdade, as habilidades e práticas de letramento, em outros contextos sociais, parecem ir muito além das habilidades de leitura e escrita ensinadas e medidas em contextos escolares, ou seja, muito além de um *letramento escolarizado*. A consequência, como afirmam Castell *et al.* (1986), é "uma discrepância significativa entre o que conta como letramento na escola e os tipos de competências de letramento realmente necessárias nas atividades profissionais e comunitárias" (p.7). Em outras palavras, por meio da escolarização, as pessoas podem se tornar capazes de realizar tarefas escolares de letramento, mas podem permanecer incapazes de lidar com usos cotidianos de leitura e escrita em contextos não escolares – em casa, no trabalho e no seu contexto social. De fato, o termo "letramento funcional" foi criado justamente para ampliar o conceito de letramento definido pela escola, acrescentando a ele comportamentos letrados cotidianos que a aprendizagem formal em contextos escolares não parece promover.

Inúmeros estudos têm dado suporte a essas afirmações. Por exemplo: os estudos etnográficos de Heath (1983) indicam que as atividades de leitura e escrita em contextos escolares revelam-se altamente irrelevantes em situações externas ao mundo escolar; nesse mesmo sentido, a pesquisa de Wagner sobre o letramento funcional entre crianças marroquinas em idade escolar (1991) levou à seguinte conclusão:

> O presente estudo confirma um crescente número de evidências indicando que muitas das habilidades necessárias na vida cotidiana podem não ser adquiridas mesmo após os 4 anos de escolarização formal convencionalmente (ou convenientemente) utilizados como a linha divisória entre letramento e não letramento. (p.193)

Portanto, a suposição de que se pode avaliar e medir letramento pelo critério de conclusão de determinada série escolar é, certamente, uma suposição equivocada.

Igualmente equivocada é uma terceira suposição em que se fundamenta o critério de série escolar concluída para a avaliação e medição do letramento: a suposição de que a conclusão de uma dada série garante um letramento permanente e de que o que foi adquirido não será perdido.

Essa suposição deixa de levar em consideração uma questão importante: a validade de arbitrariamente escolher uma determinada série escolar como o limiar de um aprendizado de tal natureza que, mesmo no caso de pouco ou nenhum uso das competências adquiridas, não ocorreria uma reversão ao analfabetismo ou a perda de habilidades de letramento. O esclarecimento dessa questão depende de dados empíricos ainda não disponíveis, como observa Wagner (1990):

> Embora haja numerosas hipóteses sobre o mínimo de escolarização primária necessário (ou de educação não formal ou de experiências vivenciadas em campanhas de alfabetização) para que o letramento seja "fixado" na criança ou no adulto, há ainda muito pouca informação para sustentar essas hipóteses. (p.131)

Na verdade, a retenção de competências de leitura e de escrita é um fenômeno ainda pouco estudado, sendo surpreendentemente pequeno o número de pesquisas nesse campo. Além disso, os resultados a que chegam esses poucos estudos empíricos não são conclusivos, sendo ainda restrita a possibilidade de generalização.

Simmons, ao revisar, na segunda metade dos anos 70, seis estudos sobre a retenção de competências de letramento que, segundo ele, constituíam, então, toda a literatura sobre o tema, resume os resultados concluindo que: primeiro, "os estudos indicam de modo consistente um declínio das habilidades de leitura e escrita ao longo do tempo"; segundo, "altos níveis alcançados em educação anterior não garantem que as pessoas não regridam ao analfabetismo"; e, finalmente, "mesmo aquilo que é retido parece ter pouco valor prático para o indivíduo ou a sociedade" (Simmons, 1976, p.84). O estudo realizado pelo próprio Simmons sugere que a suposição de que a educação fundamental tem efeitos permanentes deve ser questionada, e que "o motivo pelo qual alguns indivíduos retêm mais do que outros parece estar mais em fatores ligados ao ambiente familiar e uso pós-escolar das habilidades cognitivas do que em fatores ligados às experiências escolares" (Simmons, 1976, p.92).

Ao contrário, um estudo longitudinal realizado por Wagner, Spratt, Klein & Ezzaki (1989) "não confirma a hipótese do 'retrocesso' em competências de letramento ou perda de habilidades acadêmico-cognitivas depois de cinco séries de escolarização fundamental" (p.2); segundo os autores, o estudo "oferece as primeiras evidências de que o 'retrocesso do letramento' pode ser um mito" (p.11).

Conclui-se que estudos empíricos sobre a retenção de competências de leitura e escrita têm chegado a resultados conflitantes; assim, presumir que a conclusão de uma determinada série escolar seja evidência de letramento é, por enquanto, questionável.

Em síntese, embora o critério de conclusão de série escolar para a avaliação e medição do letramento ofereça algumas vantagens conceituais em relação ao critério de autoavaliação, traz alguns sérios problemas e baseia-se em suposições ou equivocadas ou controversas. Além disso, é uma questão ainda aberta a investigações futuras determinar se indivíduos que concluem uma determinada série tornam-se letrados de forma adequada e permanente.

Podemos concluir que as informações por autoavaliação e por conclusão de série escolar, coletadas em levantamentos censitários, permitem apenas uma medida bastante precária de letramento. Um procedimento para a avaliação e a medição, com mais profundidade, do letramento, permitindo investigar tanto as habilidades quanto as práticas sociais de leitura e de escrita, é o estudo por amostragem, discutido a seguir.

AVALIAÇÃO E MEDIÇÃO DO LETRAMENTO EM ESTUDOS POR AMOSTRAGEM

Avaliar o letramento por meio de levantamento das competências reais de uma amostra representativa da população, isto é, levantamento realizado por amostragem, é uma alternativa para assegurar uma aferição mais precisa da extensão e qualidade do letramento na população.

A coleta de dados sobre o letramento em levantamentos censitários tem por objetivo fornecer, dentre muitas outras informações sobre características demográficas, sociais e socioeconômicas, um indicador genérico da extensão do letramento na população como um todo; os levantamentos por amostragem, ao contrário, visam à coleta de uma grande variedade de informações específicas sobre habilidades e práticas sociais reais de leitura e de escrita. Consequentemente, enquanto o levantamento censitário avalia e mede o letramento de maneira superficial, porque não pode utilizar mais que uma ou duas perguntas curtas de autoavaliação ou o simples critério de conclusão de determinada série escolar, o levantamento por amostragem pode avaliar e medir em profundidade tanto as habilidades de leitura e de escrita, através de provas e testes, quanto os usos cotidianos dessas habilidades, através de questionários estruturados. Os levantamentos por amostragem sobre o letramento podem, pois, fornecer dados sobre ambas as dimensões do letramento discutidas anteriormente: a dimensão *individual*, ou seja, a posse pessoal de habilidades de leitura e escrita, e a dimensão *social*, ou seja, o exercício das práticas sociais que envolvem a leitura e a escrita.

Além disso, como pesquisas por amostragem sobre o letramento quase sempre levantam dados também sobre a formação educacional em geral e sobre as características socioeconômicas e culturais do grupo familiar, elas permitem que se analisem as relações entre as habilidades e práticas sociais de leitura e de escrita e outros fatores, tais como idade, sexo, raça, renda, residência rural/urbana, meio cultural e região (United Nations, 1989, p.10). Desse modo, pesquisas de letramento por amostragem fornecem dados não apenas para a estimativa dos níveis de letramento, mas também, e sobretudo, para a formulação de políticas educacionais e a implementação de programas de alfabetização e de letramento.[13]

Na verdade, o que os levantamentos por amostragem buscam identificar é o *letramento funcional*; em lugar de considerar o letramento como uma característica que as pessoas ou têm ou não têm, como fazem os levantamentos censitários, os levantamentos por amostragem buscam identificar a prática real das habilidades de leitura e escrita e a natureza e frequência de usos sociais dessas habilidades. Assim, os levantamentos por amostragem têm como objetivo avaliar e medir níveis de letramento, e não apenas o nível básico de "ser capaz de ler e escrever".

Como consequência, a necessidade de avaliar e medir o letramento por meio de pesquisas por amostragem é reconhecida principalmente em países onde esse nível básico de letramento já foi alcançado praticamente por todos, de modo que é pertinente buscar identificar habilidades de leitura e escrita mais complexas, como também o uso da leitura e da escrita em contextos sociais os mais diversos. O World Education Report de 1991 (Unesco, 1991) ratifica esse ponto de vista:

---

[13] Uma discussão a respeito das possibilidades de utilização de pesquisas de letramento por amostragem domiciliar ultrapassa os objetivos deste estudo; uma discussão detalhada pode ser encontrada no estudo técnico das Nações Unidas de 1989 sobre a avaliação do letramento através de levantamentos domiciliares (United Nations, 1989); ver também Wagner (1990).

106 | Letramento

Não obstante a diversidade de níveis de letramento, a maioria dos países do mundo ainda tem proporções significativas de sua população abaixo até mesmo do nível mínimo de ser capaz de, com compreensão, ler e escrever uma frase simples sobre a vida cotidiana. O fato de que este primeiro nível continua a ser a principal preocupação na maioria dos países ficou evidenciado nas respostas ao questionário do International Bureau of Education (IBE) sobre as tendências atuais da educação fundamental e de programas de alfabetização de adultos que foi distribuído aos Estados Membros da UNESCO, por ocasião da 42ª sessão da Conferência Internacional de Educação (Genebra, setembro de 1990). As respostas, em sua maioria, afirmaram que a definição primeira de analfabeto de 1958 ainda era relevante em seus países; um número menor concordou que a noção de "analfabeto funcional" era "percebida e definida como uma categoria específica". (p.47-48)

Por essa razão é que as pesquisas por amostragem sobre o letramento foram implementadas principalmente nos países onde a noção de analfabeto funcional é "percebida e definida como uma categoria específica", ou seja, nos países desenvolvidos. Nos Estados Unidos, por exemplo, um número significativo de pesquisas por amostragem sobre o letramento foi realizado nas últimas duas décadas (para uma revisão crítica, ver Kirsch & Guthrie, 1977-1978; Newman & Beverstock, 1990). Já nos países em desenvolvimento, onde uma grande parte da população ainda não atingiu sequer o nível básico de letramento – ser capaz de ler e escrever – estudos do letramento através de pesquisas por amostragem são raros, provavelmente porque são considerados supérfluos.[14]

---

[14] O relativamente recente estudo técnico das Nações Unidas sobre a avaliação do letramento através de pesquisas domiciliares (United Nations, 1989) pretendeu auxiliar os países em desenvolvimento com uma minuciosa orientação sobre como planejar, conduzir e executar uma pesquisa de letramento por amostragem domiciliar, tacitamente reconhecendo a inexperiência e pouca familiaridade desses países com esse tipo de levantamento. Na verdade, o maior desafio dos países em desenvolvimento ainda está em planejar, conduzir e executar programas e campanhas nacionais de alfabetização direcionados à eliminação de altos e persistentes índices de analfabetismo.

Uma outra consideração a ser feita é que, embora levantamentos por amostragem domiciliar sobre o letramento forneçam informações sobre uma ampla variedade de habilidades e práticas, não se deve supor que neles seja inteiramente eliminada a seleção arbitrária de linhas divisórias no contínuo do letramento para distinguir diferentes níveis. Como discutido anteriormente, o letramento consiste de um grande número de diferentes habilidades, competências cognitivas e metacognitivas, aplicadas a um vasto conjunto de materiais de leitura e gêneros de escrita, e refere-se a uma variedade de usos da leitura e da escrita, praticadas em contextos sociais diferentes. Os instrumentos de avaliação utilizados em pesquisas por amostragem de letramento (testes e questionários) não podem, assim, deixar de selecionar uma *amostra* de comportamentos considerados representativos de uma grande variedade de habilidades e práticas. Como consequência, as estimativas de letramento, através de pesquisas por amostragem, "variam tanto quanto as medidas empregadas" (Kirsch & Guthrie, 1977-1978, p.504). Newman & Beverstock (1990) referem-se a estudos que tentaram avaliar e medir o letramento funcional nos Estados Unidos nos anos setenta e oitenta nos seguintes termos:

> Os estudos variavam, e seus resultados também. As estimativas indicavam de 13 até mais de 50 por cento da população adulta americana com dificuldades em habilidades e práticas básicas de letramento. Dependendo de quem estiver falando e de qual estudo é citado, os Estados Unidos têm um índice de letramento baixo, alto ou um índice que se posiciona em algum lugar entre baixo e alto. (p.49)

A falta de concordância em relação ao que deve ser medido em processos de avaliação de letramento pode ser evidenciada comparando-se os quadros referenciais para a medição do letramento adotados por dois estudos

108 Letramento

relativamente recentes: o *National Assessment of Educational Progress* (NAEP), um estudo sobre o letramento dos jovens norte-americanos (Kirsch & Jungeblut, 1990), e o estudo técnico das Nações Unidas sobre a avaliação de letramento através de pesquisas domiciliares (NHSCP: *National Household Survey Capability Programme*, United Nations, 1989).

Ambos os quadros referenciais propõem uma matriz de habilidades de leitura e escrita aplicadas a diferentes tipos de materiais escritos, mas os critérios de seleção das categorias de habilidades e dos materiais de leitura e escrita para compor os instrumentos de avaliação são bastante diferentes.

Em relação às habilidades de leitura e escrita, enquanto as categorias do NAEP são definidas tendo por critério os *usos* dessas habilidades, ou seja, o *tipo de informação* que os indivíduos buscam quando leem ou escrevem, as categorias do NHSCP são definidas segundo os *processos básicos* envolvidos na leitura e na escrita. Assim, a matriz do NAEP inclui, como categorias de uso da leitura e da escrita, *conhecimento, avaliação, informação específica, interação social e aplicação*, enquanto a matriz do NHSCP inclui, como tipos de habilidades de leitura e escrita, *decodificação, compreensão, escrita e localização de informações*.

Da mesma forma, em relação aos materiais de leitura e escrita, enquanto as categorias do NAEP são definidas segundo a *forma linguística* em que a informação é apresentada, as categorias do NHSCP referem-se aos *domínios* em que as habilidades de leitura e escrita são utilizadas. Assim, a matriz do NAEP inclui as seguintes categorias de materiais de leitura e escrita: *signo/rótulo, instruções, memorando/carta, formulário, tabela, gráfico, prosa, índices/referências, notícia, esquema ou diagrama, anúncio* e *conta/fatura;* trabalhando com critérios diferentes, a matriz do NHSCP inclui não mais que três tipos de domínios textuais: *palavras/frases, prosa e documentos.*

É importante observar que essa falta de congruência entre propostas distintas de fragmentação do letramento em componentes específicos para fins de avaliação explica-se pela exigência a que deve atender qualquer instrumento de avaliação: a necessidade de selecionar, no universo de comportamentos que se deseja avaliar e medir, um conjunto de comportamentos de que as questões do instrumento de avaliação devem ser uma amostragem. Como a definição desse conjunto de comportamentos depende dos propósitos e do contexto da avaliação, propósitos e contextos diferentes resultam em procedimentos de amostragem diferentes.

Assim, as diferenças entre os dois estudos discutidos aqui podem ser explicadas pelos seus diferentes propósitos e contextos. O propósito do estudo do NAEP foi descrever a natureza e a extensão dos problemas de letramento apresentados por jovens adultos de um país desenvolvido onde o conceito de letramento é basicamente, como o próprio estudo declara, "o uso pelo indivíduo de informações impressas e escritas para inserir-se na sociedade, para atingir suas metas pessoais e desenvolver seu conhecimento e potencial" (Kirsch & Jungeblut, 1990, p.I-8). Por outro lado, o estudo do NHSCP foi concebido principalmente para orientar programas e políticas de letramento em países em desenvolvimento onde, como discutido anteriormente, o letramento ainda é definido como a capacidade elementar de ler e escrever, e o letramento funcional ainda não se configurou como uma categoria distinta.

É necessário apontar ainda uma última questão sobre o uso de pesquisas por amostragem para avaliação de

110 | Letramento

letramento. A dicotomia básica letrado/iletrado pode, é óbvio, ser utilizada também nesse tipo de pesquisa; o estudo técnico das Nações Unidas sobre a avaliação do letramento, anteriormente mencionado, até mesmo *recomenda* que os países em desenvolvimento façam uso dessa dicotomia nos levantamentos por amostragem domiciliar sobre o letramento (United Nations, 1989, p.89). Entretanto, como esse mesmo estudo das Nações Unidas observa, essa dicotomia básica "pode revelar detalhes insuficientes sobre os níveis e habilidades de letramento", e "a medição direta de habilidades de leitura e escrita através da utilização de instrumentos de avaliação fornece informações para a construção de categorias mais precisas do que as que a simples auto-avaliação permite construir" (United Nations, 1989, p.156, 159). Um exemplo disso é o apresentado nesse estudo mesmo das Nações Unidas, que sugere as seguintes categorias como uma possível classificação de níveis de letramento a serem avaliados através de pesquisas por amostragem: *não letrado, pouco letrado, letrado mediano e altamente letrado* (United Nations, 1989, p.159-160; ver também Wagner, 1990, p.122)

As duas classificações seguintes, ambas incluídas em estudos relativos à medição direta de habilidades e práticas de letramento, são outros exemplos de "categorias mais precisas", superando a dicotomia letrado-iletrado, difícil de ser mantida: a primeira estabelece níveis de letramento pelo critério da "sobrevivência" social permitida por cada nível, e classifica o *letramento de sobrevivência* como *provável, marginal, questionável, baixo* (Harris, 1970);[15] a segunda usa o critério da funcionalidade e classifica o

---

[15] HARRIS, L. & Associates (1970). *Survival Literacy Study.* Washington, DC: National Reading Council. Citado por: Newman & Beverstock, 1990, p.65; ver também Kirsch & Guthrie, 1977-1978, p.496.

indivíduo nas categorias *funcionalmente incompetente, marginalmente funcional e funcionalmente proficiente* (Adult Performance Level Study, 1977).[16]

Um exemplo mais sofisticado é encontrado no estudo de Kirsch & Guthrie (1990) sobre níveis de letramento de jovens adultos norte-americanos. As questões de avaliação das habilidades de leitura e de escrita incluídas no instrumento de medida utilizado foram distribuídas em três escalas de letramento e organizadas, em cada escala, segundo níveis de dificuldade, de modo a tornar possível a avaliação de vários tipos e níveis de proficiência. O objetivo foi "construir um perfil" dos indivíduos e não apenas "classificá-los", segundo os resultados em cada escala e entre as três escalas. Kirsch & Guthrie indicam o pressuposto subjacente ao tratamento que dão à avaliação e medição do letramento nos seguintes termos:

> O que é preciso é um tratamento que realmente permita compreender os vários tipos e níveis de proficiência em leitura e escrita atingidos em nossa sociedade. Tal tratamento forneceria uma representação mais precisa não apenas da natureza complexa das exigências de letramento em uma sociedade pluralística, mas também do *status* das pessoas que atuam em nossa sociedade. (p.III-36)

Na verdade, esse pressuposto está presente, de um modo geral, nas pesquisas por amostragem sobre o letramento. Propiciando uma abordagem multidimensional do letramento e avaliando habilidades e práticas de leitura e de escrita através de uma medição direta, essas pesquisas podem fornecer dados mais refinados e confiáveis sobre a extensão e natureza do letramento na população do que outros procedimentos de coleta de dados.

---

[16] US OFFICE OF EDUCATION (1977). Final Report: The American Performance Level Study. Washington, DC: US Office of Education, Department of Health, Education and Welfare. Citado por: Newman & Beverstock, 1990, p.69-70; ver também Kirsch & Guthrie, 1977-1978, p.499.

AVALIAÇÃO E MEDIÇÃO DO LETRAMENTO: EM BUSCA DE SOLUÇÕES

Este estudo, embora pretendendo esclarecer a questão da avaliação e medição do letramento em suas relações com a conceituação e definição desse fenômeno, traz, na verdade, mais problemas que soluções.

A discussão feita evidencia que avaliar e medir o letramento é uma tarefa altamente complexa e difícil: ela exige uma definição precisa de letramento, indispensável como parâmetro para a avaliação e a medida, mas qualquer tentativa de resposta a essa exigência traz sérios problemas epistemológicos. Concluiu-se que o letramento é uma variável contínua e não discreta ou dicotômica; refere-se a uma multiplicidade de habilidades de leitura e de escrita, que devem ser aplicadas a uma ampla variedade de materiais de leitura e escrita; compreende diferentes práticas que dependem da natureza, estrutura e aspirações de determinada sociedade. Em síntese, o letramento é "um fenômeno de muitos significados" (Scribner, 1984, p.9); uma única definição consensual de letramento é, assim, totalmente impossível.

Entretanto, a falta de concordância sobre o que é letramento – e, portanto, a falta de concordância sobre o que deve ser avaliado e medido – não elimina a necessidade ou a importância da avaliação e medição do letramento, única forma de obter dados sobre esse fenômeno, dados que são necessários para fins teóricos e práticos. Pelo menos três argumentos justificam a necessidade de definir índices de letramento através de avaliação e medição.

Primeiramente, o índice de letramento de uma sociedade ou de um grupo social é um dos indicadores básicos do progresso de um país ou de uma comunidade.

Obviamente, como afirmado anteriormente, não se trata de propor que o índice de letramento, ele só, represente o nível econômico, social e cultural de um país ou de uma comunidade; na verdade, o pressuposto subjacente a essa proposição – o pressuposto de que o letramento leva ao crescimento econômico e ao progresso social – não tem qualquer suporte empírico, como já demonstraram várias pesquisas históricas e etnográficas. Como afirma Wagner (1990, p.116), defender uma relação de causalidade entre letramento e indicadores econômicos, o que ainda é feito com frequência, é extremamente discutível:

> Seria igualmente correto afirmar que, ao contrário, os índices de letramento, assim como os de mortalidade infantil, são *consequência* do grau de desenvolvimento econômico na maioria dos países. Quando há progresso social e econômico, descobre-se geralmente que os índices de letramento sobem e os de mortalidade infantil caem. Blaug, que foi um dos defensores da teoria do capital humano, concluiu, posteriormente, que *nem anos de escolarização nem índices de letramento têm qualquer efeito direto no crescimento econômico dos países em desenvolvimento.* (grifo nosso)

Entretanto, embora se deva reconhecer que o letramento é antes uma variável dependente que independente (Graff, 1987a), ele se associa, sem dúvida alguma, a muitos dos indicadores de desenvolvimento social e econômico. Correlacionar índices de letramento com indicadores socioeconômicos tais como produto interno bruto, índices de mortalidade infantil, de natalidade, de nutrição, dentre muitos outros, permite identificar e compreender o *status* econômico, social e cultural de um país ou de uma comunidade, evidenciando, por exemplo, que o analfabetismo e a pobreza andam de mãos dadas, como ocorre nos países do Terceiro Mundo.

Uma segunda justificativa para a necessidade de determinar índices de letramento através de avaliação e medição está intimamente ligada à primeira. Os índices de letramento são extremamente úteis para fins de comparação entre países ou entre comunidades, respondendo, assim, a uma importante preocupação nacional e internacional com o cotejo de dados econômicos e sociais.

Por um lado, os índices de letramento podem ser utilizados para avaliar e interpretar mudanças nos níveis de letramento/analfabetismo através dos tempos, com base nos dados de uma série cronológica de levantamentos. A possibilidade de tais comparações históricas é fundamental, não apenas para a pesquisa histórica, mas também para estudar e compreender o letramento no presente e avaliar sua difusão ao longo do tempo. Como observa Graff (1987a, p.32):

> [...] o estudo adequado da experiência histórica de letramento não responde apenas a um interesse pelo passado; ele traz muitos dados relevantes para a análise e a definição de políticas no mundo em que vivemos hoje.

É claro que medidas da extensão e distribuição da leitura e da escrita, de que resultam dados quantitativos sobre a difusão do letramento através dos tempos, não são a única nem a principal fonte para "o estudo adequado da experiência histórica de letramento", mas certamente contribuem com algumas evidências significativas e sistemáticas.

Por outro lado, índices de letramento são utilizados para comparações em um determinado momento do tempo histórico, fornecendo dados para que se identifique a distribuição das habilidades e práticas de leitura e de escrita por regiões geográficas ou econômicas do mundo ou de um certo país. Os índices de letramento são, assim, úteis para revelar tendências e perspectivas em nível nacional e internacional, para confrontar a magnitude do analfabetismo em diferentes países ou regiões, para comparar populações ou grupos, evidenciando disparidades na aquisição do letramento determinadas por fatores tais como idade, sexo, etnia, residência urbana ou rural, etc.

Finalmente, uma terceira justificativa para a necessidade de avaliação e medição do letramento é o fato de que índices de letramento são imprescindíveis tanto para a formulação de políticas quanto para o planejamento, a implementação e o controle de programas, não apenas programas de letramento, mas também programas de bem-estar social, em geral. Segundo o estudo técnico sobre a avaliação do letramento feito pelas Nações Unidas (United Nations, 1989, p.8):

> Medir o nível de letramento na população do país é um passo para a avaliação da eficácia dos programas em desenvolvimento e para a obtenção de dados precisos necessários à formulação de programas futuros nos campos educacional e social. Por exemplo, projetos de assistência médica básica não podem deixar de considerar o grau de letramento da população-alvo.

As considerações acima conduzem a um paradoxo: de um lado, a importância e necessidade da avaliação e medição do letramento, para fins teóricos e práticos; de outro lado, a impossibilidade de atender ao pré-requisito para a sua avaliação e medição, ou seja, a formulação de uma definição precisa que possa ser usada como parâmetro. Como enfrentar esse paradoxo?

De início, é preciso reafirmar e enfatizar que o letramento não pode ser avaliado e medido de forma absoluta. Como não é possível "descobrir" uma definição indiscutível e inequívoca de letramento, ou *a melhor* forma de defini-lo, qualquer avaliação ou medição desse fenômeno será relativa, dependendo de *o quê* (quais habilidades de leitura e/ou escrita e/ou práticas sociais de letramento) estiver sendo avaliado e medido, *por quê* (para quais fins ou propósitos), *quando* (em que momento) e *onde* (em que contexto socioeconômico e cultural) se está avaliando ou medindo, e *como* (de acordo com quais critérios) é feita a avaliação ou a medição.

Assim, o que é *possível* e *necessário* para realizar qualquer avaliação ou medição do letramento é formular uma definição *ad hoc* desse fenômeno a ser avaliado ou medido e, a partir daí, construir um quadro preciso de interpretação dos dados em função dos fins específicos em um determinado contexto. Uma definição comum e universal não é possível, mas uma definição deliberadamente *operacional*, ainda que arbitrária, tanto é possível quanto é extremamente necessária para atender aos requisitos práticos de procedimentos de avaliação e medição. Desse modo, haverá tantas estratégias operacionais para a medição do letramento quantos programas para sua avaliação e medição. Em outras palavras, o reconhecimento dos múltiplos significados de letramento conduz a uma diversidade de definições operacionais, cada uma respondendo aos requisitos de um determinado programa de avaliação ou medição.

Assim, a questão crucial, em processos de avaliação ou medição do letramento, é determinar de modo claro a definição operacional em que esses processos deverão basear-se e construir instrumentos para a coleta de informações em função dessa definição.

Em contextos escolares, esse procedimento é facilitado pelo fato de que, como observado anteriormente, as escolas podem avaliar e medir habilidades e competências em pontos diferentes do contínuo que é o letramento, e em diversos momentos durante o processo de escolarização. Desse modo, as escolas podem trabalhar com várias e diferentes definições operacionais de letramento, cada uma sendo utilizada para a avaliação ou a medição de determinadas habilidades e práticas em estágios específicos do processo de escolarização. O problema, aqui, é ou o de evitar que o letramento seja definido de modo vago e medido com critérios diferentes em cada escola, sistema de ensino ou região, como em geral ocorre nos países em desenvolvimento, ou o de reduzir o letramento a um conceito escolarizado, distanciado das exigências de letramento externas à escola, como ocorre frequentemente nos países desenvolvidos. Na verdade, a estrutura da educação formal básica é que determina fundamentalmente a quantidade e a natureza das habilidades e práticas de letramento que podem ser adquiridas; sendo assim, a discussão de definições operacionais de letramento para fins de sua avaliação e medição, em contextos escolares, pressupõe a discussão da natureza e qualidade da escolarização fundamental para todos.

Enquanto que em contextos escolares é possível avaliar o letramento repetidas vezes e progressivamente e, portanto, é possível atribuir-lhe várias e diferentes definições operacionais, um levantamento censitário nacional, realizando-se através de uma única situação de avaliação e de um único instrumento de avaliação, tem de necessariamente basear-se em uma única definição de letramento.

Quando o critério é a conclusão de determinada série, a definição de letramento bem como sua avaliação e medição são transferidos, de certa forma, para o sistema escolar e, assim, dependem do uso ou mau uso, em contextos escolares, de definições operacionais de letramento e dos instrumentos de avaliação e medição decorrentes delas. Desse modo, é indispensável que, ao utilizar-se o critério de conclusão de série, esse seja relacionado com a estrutura e qualidade da educação fundamental formal.

Quando dados para um censo são coletados através de autoavaliação, uma definição operacional e sua tradução em uma ou duas perguntas tornam-se questões cruciais.

Como discutido anteriormente, um sério obstáculo à confiabilidade de informações sobre o letramento, quando obtidas através de autoavaliação do próprio informante, é a aplicação inadequada da definição segundo a qual as perguntas deveriam ser propostas. Como essa definição não é, em geral, *operacionalmente* formulada, as perguntas são vagas e imprecisas, gerando respostas dúbias e pouco confiáveis. Assim, os cuidados básicos com o uso de autoavaliação para fins de avaliação e medição do letramento, em levantamentos censitários nacionais, devem ser, em primeiro lugar, e sobretudo, a formulação de uma definição operacional adequada que expresse o que se considere um nível de habilidades e práticas de leitura e escrita desejável, em um determinado país; em segundo lugar, a tradução dessa definição em perguntas precisas e inequívocas; e, em terceiro lugar, a compreensão e aplicação corretas dessas perguntas pelos recenseadores.

A vantagem, em relação aos levantamentos por censos nacionais, de levantamentos sobre o letramento por amostragem domiciliar é que podem ser utilizadas várias definições de letramento, em vez de uma única, podendo-se abranger, dessa forma, diferentes conjuntos de habilidades e de práticas de leitura e de escrita. Sendo assim, tipos diferentes de instrumentos de avaliação e medição podem ser construídos, permitindo distinções mais claras e diferenciações mais refinadas de níveis de letramento. A questão principal, aqui, é a formulação de um conjunto adequado de definições operacionais, considerando-se o que realmente deve ser levado em conta como letramento em dado contexto, a seleção, a partir daí, de uma amostra adequada de habilidades e práticas sociais desejadas, e a construção de instrumentos para avaliar corretamente essas habilidades e práticas.

Essas considerações enfatizam a possibilidade e a necessidade de formulação de definições *operacionais* de letramento, construídas deliberadamente para responder às exigências de um determinado processo de avaliação e medição confiáveis de letramento, e indicam tanto os maiores problemas inerentes a essa tarefa quanto algumas precauções para a sua realização. Mas a obtenção de dados confiáveis sobre o letramento não é a única questão importante; na verdade, a questão fundamental é a *interpretação* desses dados.

Conforme foi discutido nas seções anteriores, os critérios comumente utilizados para avaliar e medir o letramento apresentam deficiências e/ou estão muitas vezes baseados em suposições equivocadas; como essas deficiências e suposições são, de certa forma, inevitáveis, a interpretação de dados sobre o letramento deve sempre levá-las em conta.

Além disso, como o conceito de letramento varia de acordo com o contexto social, cultural e político, a interpretação adequada de dados sobre letramento requer o conhecimento das definições com base nas quais foi avaliado e medido, e das técnicas de coleta de dados utilizadas.

Uma outra consideração é que dados sobre letramento devem ser relacionados com as características do contexto, para que sejam adequadamente interpretados: ao avaliar, comparar ou confrontar dados em nível nacional ou internacional, é fundamental analisá-los associando-os a indicadores demográficos, socioeconômicos, culturais e políticos. Fazendo uso de uma expressão criada por Wagner (1990, p.132), dados sobre letramento devem ser interpretados no quadro de uma análise da "ecologia do letramento".

Finalmente, como a estrutura da educação formal e a natureza e qualidade da escolarização primária influenciam enormemente o conceito de letramento, seu valor social, seus usos e funções, bem como sua avaliação e medição, a interpretação de dados sobre letramento deve sempre levar em conta as características do sistema escolar.

Em síntese, o conjunto de problemas envolvidos na definição, avaliação e medição do letramento, discutidos neste estudo, equipara-se a um conjunto correspondente de problemas associados à interpretação dos dados coletados. O ponto principal, aqui, é que enfrentar ambos esses conjuntos de problemas não é apenas uma questão conceitual, mas também uma questão ideológica e política. Este estudo enfatizou, até aqui, a faceta conceitual da avaliação e medição do letramento, nos seus aspectos teóricos e práticos – foi esse o seu objetivo central. Entretanto, é preciso concluir, acrescentando e enfatizando a sua polêmica faceta ideológico-política.

O letramento é, sem dúvida alguma, pelo menos nas modernas sociedades industrializadas, um direito humano absoluto, independentemente das condições econômicas e sociais em que um dado grupo humano esteja inserido; dados sobre letramento representam, assim, o grau em que esse direito está distribuído entre a população e foi efetivamente alcançado por ela.

Entretanto, o que o letramento *é*, e, consequentemente, o significado de dados sobre o letramento, isto é, dados sobre a distribuição e a conquista efetiva do direito ao letramento, são questões *relativas*, como este estudo pretendeu demonstrar.

Algumas indagações devem, pois, ser propostas à reflexão. Se letramento não pode ter uma definição absoluta e universal, será que o direito humano ao letramento deve ter significados diferentes em sociedades diferentes? Será que a avaliação e medição do letramento e a interpretação dos dados coletados deveriam ser condicionadas às condições de uma determinada sociedade? Se a resposta a essas perguntas for "sim", será que um conceito "empobrecido" de letramento, processos "pouco sofisticados" para sua avaliação e medição, e uma interpretação "benevolente" dos dados coletados não seriam mais um fator de manutenção das desigualdades entre países desenvolvidos, subdesenvolvidos e em desenvolvimento?

Não há respostas "técnicas" para essas indagações; elas se inserem no campo das normas e dos valores.

Pode-se concluir afirmando que a análise conceitual de letramento e de sua avaliação e medição, desenvolvida neste estudo, pretende servir como um quadro referencial para as tarefas essencialmente ideológicas e políticas de formulação de políticas de alfabetização e letramento e de programas de desenvolvimento do letramento.

REFERÊNCIAS

AKINNASO, F. N. The consequences of literacy in pragmatic and theoretical perspectives. *Anthropology and Education Quarterly*, v. 12, n. 3, 1981. p.163-200.

ALBSU. *Literacy, Numeracy and Adults: Evidence from the National Child Development Study*. London: Adult Literacy & Basic Skills Unit, 1987.

BHOLA, H. S. *Evaluating Functional Literacy*. Amershan: Hulton Educational Publications; Tehran: International Institute for Adult Literacy Methods, 1979.

BORMUTH, J. R. Reading literacy: its definition and assessment. *Reading Research Quarterly*, v. 9, n. 1, p.7-66, 1973.

CERVERO, R.M. Is a common definition of adult literacy possible? *Adult Education Quarterly*, v. 36, n. 1, p.50-54, 1985.

CHARNLEY, A.H., JONES, H.A. *The Concept of Success in Adult Literacy*. London: ALBSU, 1979.

CHARTIER, A.M., HÉBRARD, J. *Discours sur la lecture (1880-1980)*. Paris: Centre Georges Pompidou, 1989. (Tradução para o português em dois volumes: CHARTIER, A.M., HÉBRARD, J. *Discursos sobre a leitura (1880-1980)*. São Paulo: Ática, 1995; FRAISSE, E., POMPOUGNAC, J.C., POULAIN, M. *Representações e imagens da leitura*. São Paulo: Ática, 1997.

CHARTIER, R. (Ed.). *Pratiques de la lecture*. Paris: Rivages, 1985. (2.ed.ampliada: Paris: Payot & Rivages, 1993. Tradução para o português: *Práticas de leitura*. São Paulo: Estação Liberdade, 1996.)

COOK-GUMPERZ, J. Literacy and schooling: an unchanging equation? In: COOK-GUMPERZ, J. (Ed.). *The Social Construction of Literacy*. Cambridge: Cambridge University Press, 1986. p. 16-44. (Tradução para o português: *A construção social da alfabetização*. Porto Alegre: Artes Médicas, 1991.)

CASTELL, S.C. de, LUKE A., MacLENNAN, D. On defining literacy. In: CASTELL, S.C. de, LUKE, A., EGAN, K. (Eds.). *Literacy, Society and Schooling*. Cambridge: Cambridge University Press, 1986. p.3-14.

FINNEGAN, R. *Literacy and Orality*. Oxford: Basil Blackwell, 1988.

FURET, F., OZOUF, J. *Lire et écrire: l'alphabétisation des français de Calvin à Jules Ferry*. Paris: Minuit, 1977.

FREIRE, P. *Pedagogía del oprimido*. Montevidéu: Tierra Nueva, 1967. (Tradução para o português: *Pedagogia do oprimido*. Rio de Janeiro: Paz e Terra, 1974.)

FREIRE, P. The adult literacy process as cultural action for freedom. *Harvard Educational Review*, v. 40, n. 2, 1970a. p.205-225.

FREIRE, P. Cultural action and conscientization. *Harvard Educational Review*, v. 40, n. 3, 1970b. p.452-477.

FREIRE, P. *Ação cultural para a liberdade*. Rio de Janeiro: Paz e Terra, 1976.

GOODY, J. (Ed.). *Literacy in Traditional Societies*. Cambridge: Cambridge University Press, 1968.

GOODY, J. *The Interface between the Written and the Oral*. Cambridge: Cambridge University Press, 1987.

GRAFF, H.J. *The Labyrinths of Literacy*. London: The Falmer Press, 1987a. (Tradução para o português: *Os labirintos da alfabetização*. Porto Alegre: Artes Médicas, 1994.)

GRAFF, H.J. *The Legacies of Literacy*. Bloomington: Indiana University Press, 1987b.

GRAY, W.S. *The Teaching of Reading and Writing*. Paris: Unesco, 1956.

HARMAN, D. Illiteracy: An Overview. *Harvard Educational Review*, v. 40, n. 2, 1970. p.226-243.

HEATH, S.B. *Ways with Words*. Cambridge: Cambridge University Press, 1983.

HILLERICH, R.L. Toward an Assessable Definition of Literacy. In: CHAPMAN, L.J., CZERNIEWSKA, P. (Eds.). *Reading: from Process to Practice*.

London and Henley: Routledge & Kegan Paul in association with The Open University, 1978. p.29-38.

IBGE. *Manual do Recenseador para o X Recenseamento Geral do Brasil – 1991*. Rio de Janeiro: Fundação Instituto Brasileiro de Estatística, 1991.

JONES, P.W. *International Policies for Third World Education: Unesco, Literacy and Development*. London: Routledge, 1988.

KIRSCH, I., GUTHRIE, J.T. The concept and measurement of functional literacy. *Reading Research Quarterly*, v. 13, n. 4, 1977-1978. p.485-507.

KIRSCH, I.S., JUNGEBLUT, A. *Literacy: Profiles of America's Young Adults*. Final Report of the National Assessment for Educational Progress. Princeton, N.J.: Educational Testing Service, 1990.

LANKSHEAR, C. *Literacy, Schooling and Revolution*. New York: The Falmer Press, 1987.

LEVINE, K. Functional literacy: fond illusions and false economies. *Harvard Educational Review*, v. 52, n. 3, 1982. p.249-266.

LEVINE, K. *The Social Context of Literacy*. London: Routledge & Kegan Paul, 1986.

McGILL-FRANZEN, A., ALLINGTON, R.L. Every child's right: literacy. *The Reading Teacher*, v. 45, n. 2, 1991. p.86-90.

NEWMAN, A.P., BEVERSTOCK, C. *Adult Literacy: Contexts & Challenges*. Newark, DE and Bloomington, IN: International Reading Association and ERIC, Clearing House on Reading and Communication Skills, 1990.

O'NEIL, W. Properly literate. *Harvard Educational Review*, v. 40, n. 2, 1970. p.260-263.

OXENHAM, J. *Literacy: Writing, Reading and Social Organization*. London: Routledge & Kegan Paul, 1980.

RESNICK, D.P., RESNICK, L.B. The nature of literacy: an historical exploration. *Harvard Educational Review*, v. 47, n, 3, 1977. p.370-385.

ROCA, M.S. *El analfabetismo en America Latina: reflexiones sobre los hechos, los problemas y las perspectivas*. Paris: Unesco, 1989.

SCHIEFFELIN, B.B., GILMORE, P. (Eds.). *The Acquisition of Literacy: Ethnographic Perspectives*. Norwood, N.J.: Ablex, 1986.

SCHOFIELD, R.S. The measurement of literacy in pre-industrial England. In: GOODY, J. (Ed.). *Literacy in Traditional Societies*. Cambridge: Cambridge University Press, 1968. p.311-325.

SCRIBNER, S. Literacy in three metaphors. *American Journal of Education*, v. 93, n. 1, 1984. p.6-21.

124 Letramento

SCRIBNER, S., COLE, M. *The Psychology of Literacy*. Cambridge: Harvard University Press, 1981.

SIMMONS, J. Retention of cognitive skills acquired im primary school. *Comparative Education Review*, v. 20, n. 1, 1976. p.79-93.

SMITH, F. *Psycholinguistics and Reading*. London: Holt, Rinehart & Winston, 1973.

STREET, B.V. *Literacy in Theory and Practice*. Cambridge: Cambridge University Press, 1984.

UNESCO. *World Illiteracy at Mid-century: a Statistical Study*. Monographs on Fundamental Education 11. Paris: Unesco, 1957.

UNESCO. *Recommendation concerning the International Standardization of Educational Statistics*. Paris: Unesco, 1958.

UNESCO. *Revised Recommendation concerning the International Standardization of Educational Statistics*. Paris: Unesco, 1978a.

UNESCO. Literacy in the world: shortcomings, achievements and tendencies. In: CHAPMAN, L.J., CZERNIEWSKA, P. (Eds.). *Reading: from Process to Practice*. London and Henley: Routledge & Kegan Paul in association with The Open University, 1978b. p.6-28.

UNESCO. *Compendium of Statistics on Illiteracy – 1990 Edition*. Paris: Unesco, 1990.

UNESCO. *World Education Report – 1991*. Paris: Unesco, 1991.

UNITED NATIONS. *National Household Survey Capability Programme: Measuring Literacy through Household Surveys*. New York: United Nations, Department of Technical Cooperation for Development, Statistical Office, 1989.

WAGNER, D.A. Ethno-graphies: an introduction. *International Journal of the Sociology of Language*, v. 42, 1983. p.5-8.

WAGNER, D.A. Studying literacy im Morocco. In: SCHIEFFELIN, B.B., GILMORE, P. (Eds.). *The Acquisition of Literacy: Ethnographic Perspectives*. Norwood, NJ: Ablex, 1986.

WAGNER, D.A. Literacy assessment in the Third World: an overview and proposed schema for survey use. *Comparative Education Review*, v. 34, n. 1, 1990. p.112-138.

WAGNER, D.A. Functional literacy in Moroccan school children. *Reading Research Quarterly*, v. 26, n. 2, 1991. p.178-195.

WAGNER, D.A., SPRATT, J.E., KLEIN, G.D., EZZAKI, A. The myth of literacy relapse: literacy retention among fifth-grade Moroccan school leavers. *International Journal of Educational Development*, v. 9, 1989. p.307-315.

Este livro foi composto com tipografia Gatineau e impresso em papel
Off-White 70 g/m². na Formato Artes Gráfica.